자기계발 불변의 법칙

자기계발 불변의 법칙

인생을 바꾸는 기적의 자기계발 수업

김현두 지음

The Universal
Principles of
Self-improvement

좋은날들

우리가 원하는 삶을 이루는 법

나는 글을 쓰거나 사람들 앞에서 이야기를 할 때 늘 주의하는 게 하나 있다. 바로 '지금 내가 하고 있는 말이 자기계발 방법론인가, 아니면 인생 조언인가?'이다.

내가 무슨 말을 하려는 것인지는 아래 질문의 답을 떠올려 보면 단박에 알아차릴 것이다.

'인생은 짧다 vs 인생은 길다'에서 무엇이 정답일까?

생각해 보았는가? 눈치 빠른 사람은 깨달았을 것이다. 위 문장은 정답이 없는 인생 조언에 불과하다. 인생을 낭비하고 있는 사람에게는 "인생 짧아."라고 조언해 주는 게 좋을 것이고, 조급함에 빠진 사람에게는 "인생 길어."라는 조언이 더욱 효과적일 것이다. 즉 각자의 맥락에 따라 정답은 달라진다.

오래전에 나는 여기에 분노를 느꼈다. 객관적인 자기계발 방법론이 아닌 인생 조언을 마치 절대적인 원칙인 것처럼, 그리고 자신의 경험만이 정답인 것처럼 이야기한다. 그리고 그것을 책과 강의로 찍어낸다. 더욱 화나는 것은 자신의 조언에 따르지 않는 사람들을 '실행력이 약한 사람' 취급한다는 사실이다.

"아침에 일찍 일어나야 한다. vs 그런 거 소용없다."
"착해야 성공한다. vs 이기적이어야 성공한다."
"무엇이든 포기하면 안 된다. vs 포기도 전략이다."

마찬가지로 여기에도 정답은 없다. 각자의 주장만 있을 뿐이다.

그 결과 하루에도 무수히 쏟아지는 성공 조언, 인생 조언들이 오히려 우리를 혼란스럽게 하고 있다. 하지만 이 책을 선택한 당신만큼은 그러한 인생 조언들에 휘둘리지 않았으면 한다.

나는 지금부터 '이렇게 살아라', '저렇게 살아라' 따위의 조언은 하지 않을 것이다. 어떻게 살 것인지는 당신 스스로 결정해야 할 문제다. 나는 오직 누구에게나 적용 가능한, 자기계발 원리와 그 방법에 대한 이야기만 할 것이다.

이를 통해 다른 누구도 아닌, 당신이 원하는 삶을 살았으면 좋겠다. 지금 당장 실행 가능한 현실적인 목표들을 세우고, 그것들을 하나하나 성취해 나갔으면 좋겠다.

그런데 잠깐, 이것도 결국 김현두라는 사람의 주관적인 이야기가 아니냐고? 일리가 있지만, 그런 의심은 거두어도 좋다. 이 책은 나의 7년간의 집요한 의심 끝에 탄생했다. 코칭 비즈니스 상호를 괜히 자기계발 '연구소'라고 지은 게 아니다.

나는 늘 궁금했다.

왜 자기계발서를 아무리 읽어도 삶은 그대로일까? 왜 나의 결심은 이토록 오래가지 못하는 걸까? 현재 나는 이 물음에 대한 명쾌한 답을 발견했고, 그렇게 이 책을 쓰기로 결심하게 되었다.

자, 지금부터 나의 20대 전부를 바쳐 완성한 〈자기계발의 지도〉를 당신에게 소개하고자 한다. 마인드셋부터 목표와 계획 세우기, 실행에 이르기까지 당신의 성장에 필요한 모든 것들이 이 지도에 녹아 있다. 뇌과학, 심리학, 인문학 등을 기반으로 객관적인 원리만을 추출해한 장의 맵으로 표현하였고, 나 스스로에게 2년 이상 적용해 보며 임상 시험까지 마쳤다. 그리고 내 주변의 많은 이들이 이 지도와 함께 삶을 바꿔나가고 있다.

자기계발의 지도를 삶에 적용하고 나서 나는 정말 많은 것들이 달라졌다. 일단 자기계발서로부터 완전히 독립했다. 자기계발에 관한그 어떤 내용도 이 책의 핵심 법칙을 벗어나지 않는다. 그리고 진심으로 내가 원하는 일을 할 수 있게 되었다. 나는 나의 적성과 인생에서 추구하고 싶은 의미를 찾았으며, 그것을 이루는 것 또한 '가능 vs 불가능'의 문제가 아니라 시간문제라는 것을 알고 있다.

지금부터 당신의 손에도 이 〈자기계발의 지도〉를 쥐여주려 한다. 이를 통해 당신은 크게 2가지를 알게 될 것이다.

1. 자신이 원하는 삶
2. 그리고 그것을 이룰 구체적인 방법과 확신

자, 이제 지도를 손에 쥐고 가슴 설레는 여행을 떠나보자. 내가 친절한 여행 가이드가 되어 당신의 곁을 지키겠다.

김현두

Chapter 3.

결국 이루어지는 목표의 법칙 ────────

Chapter 4.

미친 실행력의 비밀 ———————

Chapter 5.

지식은 어떻게 무기가 되는가 ———————

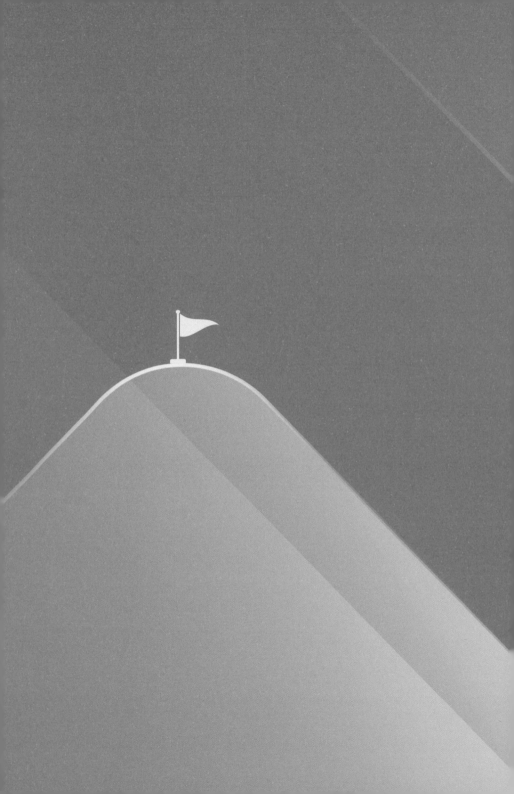

Chapter 1

진짜 변화는
여기서 시작된다

아무도 신경 쓰지 않았던 이야기

나는 확신한다. 스스로 자기계발을 열심히 하고 있다는 사람들에게 "그럼 자기계발이란 무엇인가요?"라고 묻는다면 아래와 같은 대답만 나올 것이다.

"나를 계발하고 성장시키는 행위요."

"성공하기 위해 해야 하는 거 아닌가요?"

뭐, 아주 틀린 말은 아니다. 하지만 이와 같은 이해로는 절대 자기계발을 오래 지속할 수 없다. 뭐든지 알고 하는 것과 모르고 하는 것은 큰 차이를 만들어내기 때문이다.

자기계발의 사전적 정의는 이렇다. '잠재하는 자기의 슬기나 재능, 사상 따위를 일깨워 줌.' 하지만 이 정의 역시 자기계발을 절반도 제대로 설명하지 못한다고 생각한다. 내가 정의하는 자기계발이란 이렇다. '원하는 삶과 닮아가는 과정', 자기계발이란 원하는 삶과 닮아가는 과정이다. 정말 중요하니 다시 한 번 읽어 보자.

"자기계발이란 원하는 삶과 닮아가는 과정이다."

원하는 삶이 '자기'에 해당하고 닮아가는 과정이 '계발'에 해당한다고 이해하면 쉽다. 아마 지금쯤 당신은 이러한 의문을 품을 것이다. '그런데 왜 갑자기 자기계발의 정의를 꺼내는 건가요? 그게 무슨 큰 의미가 있나요?'

나는 이렇게 생각한다. '아무리 자기계발을 해도 대부분의 사람들이 변하지 않는 첫 번째 이유는, 그들이 스스로 뭘 하고 있는지 모르기 때문이다.'라고.

특히 우리나라 사람들의 자기계발에는 '자기'가 빠진 경우가 정말 많다. 자신이 원하는 삶에 대한 고민은 접어둔 채 남들을 따라 하기에 바쁘다. 미라클 모닝이 유행이라고 하면 챌린지에 들어가 새벽 5시에 알람을 맞춘다. 요즘 뜨는 베스트셀러가 있다고 하면 너도나도 따라서 읽는다. 어떤 뇌과학자가 찬물 샤워가 좋다고 하면 얼음장 같은 물을 끼얹는 일도 서슴지 않는다. 물론 이러한 일들이 나쁘다는 게 아니다. 모두 도움이 되는 것들이다. 하지만 내가 꼬집고 싶은 건 이 행위들에 목적이 없다는 것이다.

우리는 흔히 성장을 '더 나아가는 것'이라고 표현한다. 그런데 나는 묻고 싶다. "도대체 어느 방향으로 더 나아갈 건가요?"

더 나아가기 위해서는 나만의 방향이 있어야 한다. 목적지가 있어야 한다. 나는 그 목적지를 '원하는 삶'이라고 부른다. 그리고 그 모습과 하루하루 닮아가는 것이 바로 자기계발이다.

지금까지 내가 말한 자기계발의 정의에 조금이라도 동의한다면, '진짜 내가 원하는 삶은 무엇일까?'라는 질문이 머릿속에 떠올랐다면, 이 책은 당신을 위한 것이라고 말해주고 싶다. 모두가 지독하게 변하지 않을 때 당신은 변할 수 있다. 왜냐하면 우리가 하고 있는 이 게임이 정확히 무엇인지 알게 되었기 때문이다.

자, 이제 본격적으로 이야기를 시작해 보자. 자기계발이란 원하는 삶과 닮아가는 과정이다. 그렇다면 이 '원하는 삶과 닮아가는 과정'이라는 말을 들었을 때 머릿속에 어떠한 그림이 그려지는가? 아마 다음과 같은 그림이 그려졌을 것이다.

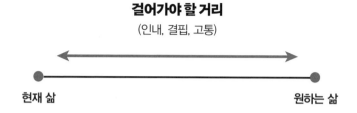

걸어가야 할 거리
(인내, 결핍, 고통)

현재 삶 ●————————————————● 원하는 삶

물론 원하는 삶이라는 방향을 정한 것만으로도 훌륭하다고 할 수 있다. 하지만 매일 앞의 그림을 떠올리며 살아간다면 당신은 언젠가 지치고 말 것이다. 원하는 삶은 결승선이 없는 레이스와 같기 때문이다. 우리의 자기계발은 계속해서 '고통'스러울 것이다. 계속 '부족'할 것이다. 그와는 달리 당신의 머릿속에는 아래와 같은 그림이 그려져야 한다. 그래야 꾸준한 자기계발이 가능해진다.

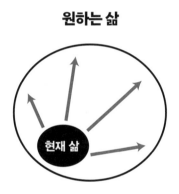

이 그림을 살펴보자. 현재의 삶과 원하는 삶이 멀리 떨어져 있는 것이 아닌, 원하는 삶 안에 현재의 삶이 포함되어 있다. 원하는 삶 속에서 현재라는 하나의 점을 찍고 그것을 확장해 나가는 것이다. 즉 이렇게 이해하면 된다.

'원하는 삶과 닮아가는 과정은 원하는 삶을 살아가는 과정이다.'

자기계발이 원하는 삶을 살아가는 과정이라는 사실을 온전히 이해하면 어떻게 될까?

맞다. 마음이 차분해진다. 그리고 성장, 성취 강박에서 벗어날 수 있게 된다. 강박에서 벗어나 현재에 집중할 수 있으니까 오히려 더 많은 성장과 성취를 경험하게도 된다.

앞의 문장과 그림을 꼭 기억하자. 직접 손으로 그려봐도 좋다. 당신의 자기계발에 엄청난 혁신을 가져올 것이다. 그리고 이것을 깨닫게 될 것이다.

'원하는 삶을 고민하고 노력하는 지금, 이 삶 자체도 내가 원하는 삶의 일부였구나. 너무 스트레스받을 필요 없겠구나······.'

이러한 마음가짐이 올라올 때, 역설적으로 성장 속도도 더 빨라진다. 비록 현재의 삶이 다소 불만족스럽더라도 그렇다. 우리의 양 발목에 묶여 있는 성장 강박, 부족함, 스트레스, 낮은 자존감이라는 족쇄를 모두 풀어헤치고 달릴 수 있기 때문이다.

원하는 삶은 다양한 경험과 목표를 거치며 계속해서 확장해 나간다. 내가 결승선 없는 레이스라고 표현한 이유, 자기계발을 원하는 삶과 닮아가는 '과정'이라고 정의한 이유도 여기에 있다. 축하한다. 당신은 이제 자기계발이 무엇인지 이해하게 되었다.

우리가 지독하게 변하지 않았던 이유, 지금까지 그 첫 번째 이유에 대해 살펴보았다. 그 누구도 신경 쓰지 않았던 자기계발의 정의, 즉 원하는 삶의 여정에 대한 이야기였다.

세상에는 자기계발이 무엇인지도 모르고 자기계발을 하는 사람들이 너무 많다. 내가 원하는 삶이 아닌 다른 사람들의 삶을 닮아가려는 자기계발은 지속될 수 없다. 결국 공허함을 느끼게 된다. 그렇게 포기하고 "역시 난 안 돼, 게을러." 같은 잘못된 원인 분석을 하게 된다. 하지만 이제 당신은 알게 되었다.

지금도 당신은 원하는 삶을 살아가고 있다. 그리고 앞으로는 더 생생하게, 더 짜릿하게 원하는 것들을 성취하게 될 것이다. 이건 이미 정해져 있는 운명이다.

인생을 바꾸는 5가지 마인드셋

우리는 앞에서 자기계발이 원하는 삶을 닮아가는 과정이라는 것을 이해했다. 이제 원하는 삶을 향해 지금의 내 위치에서 노력과 성취를 확장해 나가면 된다.

그런데 문제가 있다. 사람은 쉽게 변하지 않는다는 점이다. 내가 나를 바꾸는 일은 '사람을 고쳐 쓰는 것' 이상으로 어렵다. 시중의 많은 책과 강의에서 마인드에 대해 강조하는 것도 그 때문이다.

인생은 매 순간의 선택과 행동으로 결정되는데, 이는 모두 그 사람의 마인드가 결정한다는 것이다. 맞는 말이라고 생각한다. 똑같은 문제 상황, 역경을 마주하고도 마인드에 따라 전혀 다르게 받아들이기 때문이다. 마인드가 성장하는 삶의 전부일 리는 없겠지만, 어느 누구도 마인드의 중요성에 대해서 부정하지는 않을 것이다. 다만 그다음이 문제다. 도대체 우리는 어떠한 마인드를 가지고 원하는 삶으로 헤쳐 나가야 할까?

긍정적으로 사고하기, 실패를 두려워하지 않기, 자기 확신, 꺾이지 않는 마음, 배움의 태도 등등 수많은 자기계발서에서 강조하는 마인드들을 쭉 적어보면 수십 가지도 넘을 것이다. 우리가 마인드를 바꾸기 어려운 첫 번째 이유는, 어떤 마인드가 우리에게 필요한지 도무지 정리가 안 된다는 것이다.

사실 이것은 오래전 나의 고민이기도 했다. 그때부터 자기계발과 성공학 분야의 연구를 거듭한 끝에 자기계발 마인드들의 공통점을 찾아냈고, 나는 이것들을 모두 5가지로 정리할 수 있었다. 어떠한 길을 가든 아래의 5가지 마인드셋이면 충분하다.

1. 승자의 마인드셋
2. 행운 마인드셋
3. 성장 마인드셋
4. 책임 마인드셋
5. 감사 마인드셋

1. 승자의 마인드셋 -----------------------------------

우리가 원하는 삶을 살아가기 위해서는 첫 번째, 승자의 마인드셋이 필요하다. 삶에서 승자가 아닌 패자 마인드로는 그 어떤 것도 이루어낼 수 없다. 계속 자신의 패배자 정체성을 강화하며 무기력하게 살아갈 게 불을 보듯 뻔하다. 우리는 스스로에게 지지 않는 습관 들이기, 즉 승자의 마인드셋을 지금 당장 갖춰야 한다.

그를 위해 이 마인드셋을 구성하는 2가지 요소를 이해해야 한다. 승자의 마인드셋은 '성취감'과 '통제감'으로 이루어져 있다. 이 둘은 매우 긴밀하게 연결되어 있으며 각자만의 특징을 가지고 있다. 하나씩 살펴보자.

1) 성취감

성취감이라는 단어는 익숙할 것이다. 말 그대로 성취하는 '감'이다. 만약 이 성취감이 쌓이지 않는 상태가 지속되면 어떻게 될까? 바로 무기력을 학습하게 된다. 이를 심리학에서는 '학습된 무기력'이라고 부른다. 우리는 무기력이 아닌 성취감을 학습해야 한다.

그런데 여기서 '성취감'이라는 말을 듣고 이렇게 생각하는 사람도 있을 것이다.

"코치님, 저는 무언가를 성취할 능력이 아직 없어요. 그런데 어떻게 성취감을 쌓나요? ㅜㅜㅜ"

이런 마음이 드는 이유는, 성취라는 단어를 너무 거창하게 생각하고 있기 때문이다. 성취에는 큰 성취가 있고 작은 성취가 있다. 그리고 성취감은 작은 성취 학습의 결과물이다. 지금부터 우리는 작은 성취를 쌓기 시작할 것이다. 그렇게 승자의 마인드셋을 갖추고 나면 큰 성취는 시간문제라서 저절로 해결된다.

작은 성취를 쌓는 법은 간단하다. 자존심을 내려놓고 일단 작은 목표와 계획부터 지키는 연습을 해보는 것이다. 방금 '자존심'이라는 단어를 언급했다. 그 이유는 무엇일까? 생각보다 많은 사람들이 처음부터 자존심을 부린다. 목표와 계획을 작게 세우는 게 시시하다고 여기는 것이다. 이런 사람들이 나중에 학습된 무기력에 빠지게 된다. 당장의 자존심보다 중요한 것은 당신의 성장이다. 자존심을 내려놓고 '시시하게' 시작하는 용기를 내보자.

이때 자신이 통제 가능한 계획을 세우면 더욱 유리하다. 예를 들어 '6개월 안에 유튜브 10만 구독자 달성하기'는 100% 통제가 가능한 계획이 아니다. 운도 필요하기 때문이다. 하지만 '일주일에 영상 1개 올리기'는 내가 통제할 수 있는 계획이 된다.

이렇게 딱 14일 동안 '작은 성취감 프로젝트'를 시작해 보자.

하루에 책 30분 읽기, 책 내용 정리하기, 산책 30분 하기 등을 플래너에 적어두고 하나하나씩 지켜 나가는 것이다. 그리고 성취할 때마다 스스로에게 칭찬을 아끼지 말자. 어느새 당신 안에 잠들어 있던

'승자'가 기지개를 펴고 있을 것이다.

2) 통제감

통제감이라는 단어는 성취감에 비해 낯설게 느껴질 것이다. 쉽게 생각하자. 통제감도 말 그대로 통제하는 '감'이다. 지금 바로 당신의 통제감을 확인해 보겠다. 아래 질문에 답해 보자.

a. 오늘 하루의 주도권은 당신에게 있습니까? 오늘 무엇을 할지, 언제 할지, 어떻게 할지 모두 당신이 결정할 수 있나요?

b. 이번 달의 주도권은 당신에게 있습니까? 이번 달에 무엇을 할지, 언제 할지, 어떻게 할지 모두 당신이 결정할 수 있나요?

c. 당신 삶의 주도권은 당신에게 있습니까? 한 번뿐인 인생을 어떻게 살아갈지 당신이 결정할 수 있나요?

이 세 가지 질문에 차분하게 대답해 보자. 모두 "yes"라고 답했다면 통제감이 매우 높은 사람이다. 하지만 많지 않을 것이다. 나는 이렇게 생각한다. 첫 번째 질문에만 yes라고 답할 수 있다면, 나머지 질문에 yes라고 답할 날이 무조건 올 것이다.

통제감을 쌓는 법은 성취감을 쌓는 법과 상당히 닮아 있다. 바로 하루를 스스로 계획해 보는 것이다. 자신의 하루를 계획한다는 것은 그 하루를 통제하겠다는 뜻과 같다. 자신의 하루를 자신이 통제하면 우리는 그것을 '자유'라고 말한다. 반대로 타인이 나를 통제하면 이는 '억압'이 된다. 내가 나를 통제하는 것. 그것이 곧 자유이다.

작은 성취감과 더불어 작은 통제감을 연습해 보자. 일단 오늘 하루부터 통제하는 연습을 해보는 것이다. 오늘 오전에는 무엇을 할 것인가? 오후는 어떻게 시간을 보낼 것인가? 이게 어렵다면 아침 시간과 취침 전 시간만이라도 통제해 보자. 그렇게 시일이 지나면서 당신의 마음속에도 통제감이 서서히 생겨날 것이다.

이처럼 성취감과 통제감은 성격이 매우 비슷하다. 결국 계획이란 것으로 시작되기 때문이다.

"코치님, 그러면 계획은 어떻게 세워야 하나요? 그냥 다이어리나 플래너를 쓰면 되나요?"

이에 대해서는 3장에서 목표 달성을 위한 계획력을 주제로 자세하게 다룰 예정이다. 여기서는 성취감과 통제감을 통한 승자의 마인드셋 갖추기를 이해하는 것으로 충분하다.

2. 행운 마인드셋 ------------------------------------

두 번째는 행운 마인드셋이다. 이 마인드셋은 '운이 좋아지는 법', 또는 '멘탈이 강해지는 법'에 대한 이야기이기도 하다. 일단 운에 대한 이야기부터 해보자. 행운 마인드셋만 잘 이해해도 시중의 운 관련 자기계발서는 더 이상 볼 필요가 없어진다. 여기에 운의 모든 핵심이 설명되어 있기 때문이다.

자, 지금부터 운을 '물고기'라고 생각해 보자. 갑자기 웬 생뚱맞은 비유냐고? 기다려 보시라. 곧 '최고의 비유였군!'이라고 생각하게 될 것이다. 운은 물고기다. 이 물고기는 바다에 모여 있다. 그리고 사람들은 물고기가 잘 잡히는 곳을 '명당'이라 부른다.

누가 봐도 진짜 운이 없는 사람들이 있다. 이를 사주팔자로 풀이하는 경우도 있겠지만, 자기계발의 관점에서는 자신의 집 욕조에서 낚시하고 있는 사람으로밖에 보이지 않는다. 물고기가 많은 명당까지 가기 귀찮아서, 그냥 자신의 집 욕조에 물을 받아 놓고 '왜 이렇게 물고기가 안 잡힐까?' 푸념하고 있는 것이다.

반대로 늘 운이 따라주는 것 같은, 다양한 기회가 쏟아지는 사람들이 있다. 이들은 낚싯대를 챙겨 물고기가 많은 곳까지 부지런히 걸어가서 명당에 낚시를 드리운 사람들이다. 게다가 물고기가 좋아할 만한 미끼도 낚싯바늘에 살짝 끼워 놓았다.

이 두 사람은 어떤 차이가 있을까? 한 사람은 귀찮은 마음에 자신의 집 욕조에서 낚시를 하고 있다. 그러고서 '왜 나에게는 기회가 오지 않는 거야.'라며 불평한다. 하지만 다른 한 사람은 장비를 일일이 갖추고 명당은 어디인지, 그곳에는 무슨 물고기가 많으며 그 물고기들이 좋아하는 미끼는 무엇인지까지 모두 알아본다. 즉 '행동하는' 사람들인 것이다.

물론 그렇게 하지 않아도 되는 사람도 있다. 태어나 보니 자신의 집이 명당 낚시터인 사람들, 우리는 이들을 금수저라 부른다. 이들에게는 기본적으로 다양한 기회가 쏟아진다. 하지만 부러워할 필요는 없다. 우리의 목적은 우리가 원하는 삶을 사는 것이지 그들의 삶을 시기하거나 비교할 일이 아니기 때문이다.

한편으로 정말 불운한 환경에서 태어난 사람도 있다. 도저히 낚시터까지 갈 수 있는 여력이 안 되는 사람들이다. 이런 경우는 2장에서 삶이 어떻게 나아질 수 있는지를 이야기하며 함께 다루겠다.

우리는 물고기들이 있는 장소까지 직접 걸어가야 한다. 즉, 무언가를 끊임없이 실행하는 사람만이 운에 대해서 논할 자격이 있다고 생각한다. 애초에 인생은 불공평해서 현재 위치와 낚시터와의 거리가 사람마다 다르기는 하다. 그래도 뭐 어쩔 수 없지 않은가. 우리는 자신이 원하는 삶만 바라보면 된다. 낚시터에 도착했다면(실행을 했다면), 어떤 물고기가 언제 잡힐지는(어떤 행운이 올지는) 사실 우리가 통제할 수 없는 영역이다. 하지만 이전보다 훨씬 많은 물고기가 잡힐 거라는 사실만큼은 분명하다.

지금까지 이야기한 행운 마인드셋은 강한 멘탈과도 연결된다. 세상의 모든 일은 딱 두 가지로 나뉜다. 어찌할 수 있는 것과 어찌할 수 없는 것, 즉 통제 가능한 영역과 통제 불가능한 영역이다. 이를 아주 잘 표현한 어느 신학자의 기도문이 있다.

주여, 제가 바꿀 수 없는 것들을 받아들일 수 있는 평온함을, 제가 바꿀 수 있는 것들을 변화시킬 수 있는 용기를, 그리고 그 차이를 분간할 수 있는 지혜를 주소서.

— 라인홀드 리버

나는 종교는 없지만, 이 문장에 정말 삶의 큰 지혜가 담겨 있다고 생각한다.

우리가 멘탈이 흔들리고, 스트레스를 받는 본질적인 이유는 무엇일까? 간단하다. 자신이 원하는 무언가를 얻거나 경험하는 데에 문제가 생겼기 때문이다. 이런 상황이 닥치면 어떻게 해야 할까?

하나뿐이다. 지금 상황에서 내가 어찌할 수 있는 것과 어찌할 수 없는 것을 명확하게 구분하고, 어찌할 수 있는 부분에 집중하는 것이다. 그리고 어찌할 수 없는 영역은 그저 낙관해 버리는 것이다. 나는 이것을 '진짜 긍정'이라 부른다. 가짜 긍정은 어찌할 수 있는 영역에서도 최선을 다하지 않고, 그저 모든 것을 낙관해 버리는 것이다. 이는 곧 삶의 재앙으로 이어진다.

행운 마인드셋에 대해 정리해 보자.

우리는 운과 기회들이 모여 있는 장소까지 직접 걸어가야 한다. 그 걷는 행위를 '실행'이라고 부른다. 그럼 도대체 무엇을 실행해야 할까? 일단 당신이 원하는 것을 명확히 하라. 그리고 현재 자신의 위치와 상황, 수준을 솔직하게 분석해 보자.

이제 A4 용지를 꺼내 세로로 반을 접은 뒤(노트에 세로선을 그어도 좋다.) 현재 당신이 어찌할 수 있는 것은 왼편에, 어찌할 수 없는 것은 오른편에 적어 보자. 그러고 나서 오직 왼쪽에 있는 것들만 실행하는 것이다. 오른쪽에 있는 것들은 지워 버리자. 이런 식으로 하다 보면 차츰 왼편에 더 많은 일들이 적힐 것이다. 이건 개인의 측면에서는 실력이, 조직의 측면에서는 영향력이 늘고 있다는 신호이다.

멘탈과 감정이 흔들리고 생각이 복잡해질 때 이 행운 마인드셋을 떠올려, 지금 내가 무엇을 할 수 있는지를 돌아보자. 끈기와 꾸준함의 비결은 뜨거운 파이팅이 아니라 차분한 감정과 생각이다.

멘탈이 강하다는 것은 절대 흔들리지 않는 게 아니다. 절대 흔들리지 않는다는 사람은 자신보다 더 강한, 도저히 버틸 수 없는 시련이 오면 결국 부러지고 만다. 이때의 회복은 더 어렵다. 멘탈이 정말 강한 사람은 흔들린다. 때로는 휘어지기도 한다. 하지만 금방 다시 제자리로 돌아온다. 이게 멘탈이 강한 것이다.

3. 성장 마인드셋

세 번째는 성장 마인드셋이다. 이 성장 마인드셋을 잘 이해하면 성장과 발전이라는 개념에 대해 어마어마한 통찰이 생길 것이다.

몇 가지 질문을 해보겠다. 당신은 성장하고 싶은가? 당연히 "yes"라고 답했을 것이다. 그렇다면 하나만 더 묻겠다. 성장은 어떻게 하는 것인가? 약간 고민이 될 것이다. 나는 이렇게 생각한다.

인간을 성장시키는 것은 세상에 딱 하나밖에 없다. 이것은 무엇일까? 초성만 먼저 공개하겠다. 5초만 생각해 보자.

'ㄱㅎ'

고민해 보았는가?

그렇다. 정답은 바로 '경험'이다. 우리를 성장시키는 것은 오직 경험뿐이다. 경험하지 않으면 성장하지 못한다. 반대로 꾸준히 경험하는 사람은 무조건 성장하게 된다.

그런데 여기서 말하는 경험이란 그리 단순한 단어가 아니다. 경험은 크게 두 가지로 나뉜다. 직접 경험과 간접 경험.

카페를 차리는 건 직접 경험일까, 간접 경험일까? 맞다. 직접 경험이다. 그렇다면 카페 창업에 관한 책을 읽고 강의를 듣는 것은 어떤 경험일까? 간접 경험이다. 마지막으로 이 두 가지 경험 중 무엇이 더 중요할까? 여기에 정답은 없다. 두 경험의 밸런스가 중요할 뿐이다. 나는 늘 이렇게 이야기한다.

'간접 경험 없는 직접 경험은 위험하고, 직접 경험 없는 간접 경험은 공허하다.'

지식 없는 실행은 위험하고, 실행 없는 지식은 공허하다는 말이다. 이처럼 두 경험의 밸런스가 성장의 속도를 결정한다.

하지만 대부분의 사람들은 직접 경험보다는 간접 경험을 선호한다. 왜일까? 바로 편하기 때문이다. 사업에 관한 책을 읽고 강의를 듣는 것이, 직접 사업을 하는 것보다 훨씬 편하다. 그렇게 서서히 간접 경험과 직접 경험의 밸런스가 무너지기 시작한다.

그렇다면 직접 경험에 대한 두려움을 없애기 위해서는 어떻게 해야 할까? 바로 실패에 대해 제대로 이해하면 된다. 우리는 사실 직접 경험을 두려워하는 게 아니라 그 실행에서 오는 실패라는 결과를 두려워하는 것이기 때문이다. 지금부터 실패라는 녀석의 본질을 한번 파헤쳐 보자.

경험에 두 가지가 존재하는 것처럼, 실패에도 두 가지 종류가 있다. 바로 진짜 실패와 가짜 실패이다. 결론부터 말하자면 진짜 실패는 포기를, 가짜 실패는 시행착오를 의미한다.

우리는 원하는 삶과 닮아가는 과정 속에서 필연적으로 실패를 마주한다. 만약 당신이 유튜브에 도전한다고 가정해 보자. 처음에는 보통 영상 10개, 20개를 올려도 큰 반응이 나오기 힘들다. 만약 여기서 포기하면 어떻게 될까? 바로 진짜 실패가 된다. 그는 유튜브 론칭에 실패한 사람이다. 하지만 계속 개선하며 꾸준히 영상을 올린다면? 이 사람이 겪고 있는 건 실패가 아니라 시행착오가 된다. 그렇게 끊임없이 성장하게 될 것이다.

이처럼 실패를 진짜 실패와 가짜 실패로 나눠서 이해한다면, 우리는 직접 경험에 대한 두려움(정확히 말하면 실패에 대한 두려움)을 조금은 내려놓을 수 있게 된다. 마지막으로 질문 하나만 하고 성장 마인드셋을 마무리하겠다.

'당신은 지금까지 행여 가짜 실패를 진짜 실패로 착각하며 살아오지는 않았는가?'

4. 책임 마인드셋 ------------------------------------

자신의 행복을 가장 중시하며 소비한다는 욜로족(YOLO : You Only Live Once), 당신은 이들을 어떻게 생각하는가?

아마 대부분 자기계발과는 거리가 먼 사람들, 100세 시대에 본인의 삶을 무책임하게 낭비하는 사람들이라고 생각할 수 있다. 하지만 나는 이러한 삶 또한 '주체적인 삶(자기계발)'이 될 수 있다고 생각한다. 이게 무슨 소리냐고?

주체적인 삶이란 무엇일까? 자신의 라이프스타일, 철학, 가치관 등을 스스로 선택하고 거기에 대한 책임까지 지는 것을 말한다. 나는 이게 주체적인 삶의 전부라고 생각한다.

다시 욜로족 이야기를 해보자. A라는 사람이 있다. 그가 만약 욜로 라이프를 스스로 선택하고, 거기에 따르는 모든 부작용들을 책임질 수 있다면 나는 이 사람이야말로 정말 멋진 자기계발러라고 생각한다. 자기계발의 정의가 무엇인가? 원하는 삶과 닮아가는 과정이다. 자신이 이런 삶을 원해서 선택하고 책임까지 지겠다는데, 도대체 누가 그를 비난할 것인가.

원하는 삶을 살아가기 위해 필수적으로 갖춰야 할 마인드셋 5가지 중 네 번째는 책임 마인드셋이다. '책임'이라는 단어가 당신에게 어떻게 느껴지는가? 아마 무겁고 진지하게 느껴질 것이다. 나도 여전히 그렇다.

하지만 책임 마인드셋을 갖추기 위해서는 책임이라는 단어를 조금 가볍게 바라볼 필요가 있다.(책임이 가볍다는 말은 아니다. 너무 무겁게 생각하지 말자는 뜻이다.) 이런 말을 자주 들어보았을 것이다.

'모든 선택에는 책임이 따른다.'

백 번 맞는 말이라고 생각한다. 책임에는 크게 두 가지가 있다.

1) 뭔가를 선택함으로써 따라오는 반대 작용을 수용하는 것
2) 하나를 선택함으로써 다른 무언가를 포기하는 것

사실 이 두 가지 모두 본질은 비슷하다.

지금 당장 글을 쓰기로 선택했다면 재밌는 컴퓨터 게임을 하는 것은 포기해야 한다. 그리고 밤에 과음을 하는 선택을 한다면 다음 날의 상쾌한 컨디션은 포기해야 한다. 이처럼 모든 선택에는 책임이 따르고, 이 책임은 포기라는 단어와 많이 닮아 있다.

지금까지 책임 마인드셋의 정의에 대해 이해했으니 이제는 방법을 알아보자. 우리가 책임 마인드셋을 갖추기 위해서는 어떻게 해야 할까? 나는 이 훈련을 소개하고 싶다. '작은 책임 훈련.'

아주 작은 책임부터 의식적으로 지어 보는 것이다. 친구와 중국집에 갔는데 친구는 짬뽕, 나는 짜장을 시켰다. 짜장을 선택했다면 친구의 얼큰한 짬뽕 국물이 부럽더라도 내 짜장을 맛있게 먹자. 상당히

가벼워 보이지만, 이것도 하나의 작은 책임 훈련이다.

그리고 스스로 선택 장애가 있다고 생각하는 사람들은 선택에 제한 시간을 두어 보자. 그에 대한 책임(반대 작용과 포기)을 받아들이는 연습인 것이다. 이러한 작은 책임 훈련이 반복되면 '모든 선택에는 책임이 따른다.'라는 개념이 머리가 아닌 몸으로 체화된다. 그때부터는 진짜 주체적인 삶을 살아갈 수 있게 된다.

무언가를 선택한다는 것은 무언가를 포기한다는 말과 같다.

당신이 지금 이 책을 읽기로 선택했다면 게임은 포기해야 한다. 공부에만 집중하기로 선택했다면 매일 친구들과 만나 술 마시고 놀던 습관은 포기해야 한다. 자신의 목표를 위해 그만큼의 기회비용을 포기할 수 없다면, 이는 자신이 진짜 원하는 목표도 감내할 수 있는 목표도 아닌 것이다. 어떤 목표를 세울 때는 꼭 '무엇을 포기해야 하는지'도 함께 작성해 보는 습관을 들여 보자.

목표는 딱 자신의 책임 그릇 크기만큼만 품을 수 있다.

5. 감사 마인드셋 --------------------------------

마지막은 감사 마인드셋이다. 나는 가끔 이러한 질문을 받는다.

"코치님, 어떤 책에서는 감사를 강조하더라고요. 그런데 또 어떤 책에서는 감사하면 안주하게 돼서 성장이 멈춘다고 하고요. 도대체 뭐가 맞는 건가요?"

이 책을 읽고 있는 당신도 아마 궁금한 주제일 것이다. 지금부터 이에 대한 명확한 답을 알려주겠다. 일단 나는 이렇게 말하고 싶다.

"이 질문 자체가 잘못되었다."

위 질문은 안주와 감사가 같은 부류라는 전제를 가지고 있다. 하지만 이 두 가지는 구분할 필요가 있다. 안주는 성장에 걸림돌이고 감사는 성장의 가장 큰 원동력이다. 이게 무슨 말일까?

감사와 안주는 둘 다 행복, 만족이라는 감정에서 비롯된다.

하지만 누군가는 이 감정을 느끼면 곧바로 멈추고 주저앉아 버린다. 그렇게 '나는 이제 충분해. 그만하자.' 같은 결론을 내린다.(안주) 반면에 다른 누군가는 '너무 감사하다. 더 힘내서 나아가자.'라고 생각한다.(감사)

이 둘은 도대체 어떤 차이가 있는 걸까? 딱 두 가지이다.

1) 원하는 삶이 명확한가?
2) 지금까지 설명한 필수 마인드셋을 갖추었는가?

원하는 삶이 명확하지 않고 승자의 마인드셋, 성장 마인드셋 등이 갖춰지지 않은 사람은 쉽게 안주해 버린다. 하지만 원하는 삶이 구체적이고, 동시에 탄탄한 마인드셋이 자리 잡은 사람은 감사한 마음을 품고 계속해서 나아간다.

이 글을 읽고 있는 당신은 어떤가? 행복을 안주의 신호로 느끼는가, 아니면 감사의 계기로 느끼는가?

그렇다면 감사 마인드셋은 어떻게 훈련할 수 있을까?

(내가 계속 '훈련'이라는 단어를 쓰는 이유는 마인드셋은 절대 단기적으로 바뀌지 않기 때문이다. 시간과 반복이 필요하다.)

감사의 반대말을 떠올려 보면 된다. 감사의 반대말은 무엇일까? 바로 '당연함'이다. 우리는 당연하다고 느낄 때 감사라는 단어를 머릿속에서 완전히 지워버리게 된다.

지금 당신의 주변을 둘러보자. 당신이 읽고 있는 이 책, 주변의 사물들, 소중한 가족, 마실 수 있는 물과 공기. 이 모든 게 당연한 것인가? 스스로 곰곰이 생각해 보자. 정말 당연한가?

이 세상에 당연한 것은 없다. 그리고 당연한 게 많아질수록 삶은 불행해진다. 왜냐하면 감사라는 마음은 행복이라는 감정과 긴밀하게 연결되어 있기 때문이다. 감사할 줄 모르는 사람은 세상의 모든 것을 당연하게 여긴다. 누군가는 아침에 '주어진 오늘 하루에 감사합니다.'라고 외치지만, 다른 누군가는 '아, 짜증나.'로 하루를 시작한다. 이 두 사람의 삶의 만족도가 같을 수는 없다. 하루하루 쌓일수록 그 차이는 더욱 벌어질 것이다.

많은 사람들이 감사 마인드셋을 갖추기 위해 '감사 일기'라는 것을 활용한다. 물론 좋은 방법이다. 하지만 맹목적인 감사만 반복하게 되면 나중에는 감사 일기가 그냥 숙제처럼 느껴져 아무런 효과도 기대하기 어렵다.

앞으로 감사 일기를 쓸 때는 필수 마인드셋 5가지 중 '감사 마인드셋을 갖춘다.'라는 목적을 먼저 떠올리자. 그리고 감사함을 억지로 뽑아내지 말자. 그냥 주변을 둘러보면서, 혹은 오늘 일어났던 일을 생각해 보며 '정말 이것들이 당연한가?'라는 질문을 스스로에게 던져 보자. 그러면 자연스럽게 감사함이 올라오고 진짜 감사 일기가 쓰이기 시작할 것이다.

추가로 분노 에너지에 대해서도 알아보자. '분노는 나의 힘'이라는 말이 있듯이 분노 에너지는 감사 에너지보다 단기적으로는 아주 큰 힘을 가지고 있다. 하지만 매우 단기적이다. 분노 에너지를 적절히 활용하는 것이 아니라 거기에 매몰되어 버리면 자기혐오, 불행감 등에 빠질 우려가 매우 크다. 분노의 에너지로 아무리 돈을 빠르게 많이 벌었다고 한들 삶이 불행하다면 무슨 소용이겠는가?

자, 지금까지 자기계발을 위해서 어떠한 마인드가 필요한지 총 5가지로 정리해 보았다. 당신은 이제 원하는 삶을 얻기 위해 어떤 마음가짐과 태도를 지녀야 하는지 알게 되었다.

하지만 아는 것과 실제로 하는 것은 다르고, 마인드셋이 하루아침에 바뀌거나 만들어지지도 않는다. 건물이 한 층씩 느릿느릿 올라가 어느 순간 멋들어지게 완성되듯이 마인드셋도 똑같다고 보면 된다. 시간은 걸리지만, 꾸준히 반복하면 결국 바뀌기 마련이다.

이를 자연스럽게 훈련하는 방법은 2장에서 자세히 다루도록 하고, 이어지는 항목에서는 마인드셋보다 우선되어야 하는 것에 대해 살펴보자. 우리의 삶과 마인드를 떠받쳐줄 가장 원천이 되는 에너지에 관한 이야기이다.

마음의 문제는 대부분 몸의 문제였다

누구에게나 힘든 시기는 찾아온다. 특히 현대인들은 신체적으로 힘들기보다 정신적으로 힘든 경험을 많이 하며 살아간다. 이러한 상황을 슬기롭게 대처하는 사람 역시 매우 드물다.

당신은 스트레스를 받거나, 멘탈이 무너질 때 어떻게 행동하는가? 아마 두 가지 중 하나의 반응을 보일 것이다.

1) 회피하거나
2) 해결하거나

대부분은 1번을 선택한다. 잠시 잊고 다른 일을 하거나 술을 마시며 잊으려고 할 수도 있다. 문제를 해결하는 데는 상당한 에너지가 필요하기 때문이다. 이 책의 독자라면 "이제 힘들 때마다 필수 마인드셋 5가지를 떠올리면 될 것 같아요."라고 말할지도 모르겠다. 나로서는 기분 좋은 대답이지만, 안타깝게도 마인드만으로는 문제가 해결되지 않는다. 더 중요한 게 있다.

마인드보다 우선시되어야 할 것은 바로 '에너지'이다.

아무리 좋은 마인드도 탄탄한 에너지의 뒷받침 없이는 무너지고 만다. 평소에 아주 긍정적인 사람이라도 건강이 무너지면 마음도 함께 무너져 버리는 것처럼 말이다. 그게 인간이다. 우리는 에너지를 유지하고 높이기 위한 행동들을 일상에 접목해야 한다.

당신은 무엇을 할 때 에너지가 오르는가?

잠을 자는 사람도 있을 것이고 '사랑하는 사람을 만나면 에너지가 오릅니다.'라는 사람도 있을 것이다. 이처럼 에너지를 보충하는 방법은 무척 다양하다. 하지만 나는 수많은 사람들의 대답을 듣고 분석하며 공통적인 5가지를 발견해냈다.

1. 디지털 디톡스

2. 관조 글쓰기

3. 운동

4. 수면(잠)

5. 음식 섭취

인간은 이 5가지로 에너지를 끌어올릴 수 있다. 이해를 돕기 위해 그림으로 설명해 보겠다.

위에 물탱크가 하나 보인다. 이것이 당신의 '에너지 탱크'이다. 사람들은 이를 체력이라 부르기도 한다. 그리고 이 물탱크에 차있는 물이 바로 그날 하루의 에너지양이다. 아침에 일어나서 다양한 의사결정과 신체 활동을 하며 에너지양은 서서히 소모되어 낮아진다.

앞에서 말한 에너지 보충법 5가지 중 물탱크에 물을 부어주는 게 음식물 섭취와 수면이다. 쉽게 말해 에너지를 회복시키는 것이다. 그리고 물탱크 바닥에 뚫린 구멍(낭비되는 에너지)을 막아주는 게 디지털 디톡스와 관조 글쓰기다. 마지막으로 물탱크의 크기 자체를 넓혀주는 게 운동이다.

운동은 우리 에너지 탱크의 크기를 넓혀준다. 그래서 단기적으로는 힘들고 에너지가 빠지는 것처럼 느낄 수 있다. 물을 담고 있는 그릇 자체가 커지면 물의 높이는 아래처럼 낮아지기 때문이다. 하지만 회복 과정을 거쳐 체력이 상승하면 에너지 탱크는 더욱 커진다. 더욱 많은 물을 담을 수 있게 되는 것이다.

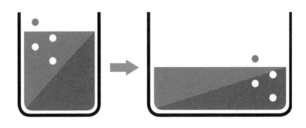

에너지 레벨이 낮아지면 마인드셋은 절대 올바로 서지 못한다.

그래서 나는 '요즘 왜 이렇게 우울하지? 마인드 관련 강의라도 좀 들어야 하나?'라고 고민하는 사람에게는 솔직히 이렇게 말해주고 싶다. "운동부터 먼저 해보시죠."

마인드? 물론 중요하다. 하지만 우리는 그전에 마인드라는 건물을 받치고 있는 땅, 즉 에너지에 먼저 주목해야 한다. 그럼 어떻게 하면 일상에서 에너지 레벨을 꾸준히 유지하고 높일 수 있을지 그 5가지 방법을 하나씩 살펴보겠다.

1. 디지털 디톡스 ------------------------------------

현대 사회를 살아가는 사람들은 다들 머리에 흡혈귀 하나씩을 달고 다닌다. 이 흡혈귀는 우리의 피(에너지)를 계속해서 뽑아 먹는다. 하지만 사람들은 절대 이 흡혈귀에 대해 불쾌함을 느끼지 않으며 오히려 흡혈귀가 보이지 않으면 크게 불안해한다. 여기서 흡혈귀는 무엇을 뜻할까?

바로 스마트폰, 스마트 워치, 노트북 등을 포함한 각종 디지털 기기이다. 디지털 기기가 무조건 나쁘다는 것은 아니다. 사회를 살아가기 위한 필수재이며 우리의 삶을 정말 편리하게 해주는 도구들이다. 하지만 에너지 측면에서는 흡혈귀라 부를 만하다.

신체에서 에너지를 많이 사용하는 기관은 뇌, 위장, 심장 등이 있다. 이중 에너지를 가장 많이 사용하는 기관이 바로 뇌다. 그리고 지금, 우리의 뇌 에너지를 가장 많이 빼앗아가는 게 바로 디지털 기기이다. 특히 스마트폰!

디지털 디톡스만 잘해도 우리의 에너지는 크게 높아진다. 사실 높아진다기보다 낭비를 줄임으로써 에너지를 평소보다 잘 유지하게 되는 것이다. 그렇다면 이 디지털 디톡스, 도대체 어떻게 해야 할까?

아마 대부분 필요성은 느끼지만, 실패하거나 제대로 시도조차 못했을 것이다. 오히려 이전보다 더 스마트폰을 '끼고 살게' 됐을 수도 있다. 디지털 디톡스가 이토록 어려운 데는 이유가 있다.

일단 현대 사회에서는 일상 속 많은 행동들이 디지털 기기를 통해 이루어진다. 이제는 누군가와 연락하고 소통하는 도구를 넘어 금융 거래나 쇼핑, 교육, 업무 등이 모두 디지털 기기를 통해 이루어지고 있다. 그리고 애플리케이션이라고 불리는 것들의 중독성이 매우 강하다. 특히 SNS의 중독성은 상상을 초월한다. 이 때문에 디지털 기기 사용을 단순히 '참는 것'은 매우 어리석은 행동이라고 할 수 있다. 디지털 기기는 참을 것이 아니라 똑똑하게 써야 한다. 그렇다면 어떻게 써야 똑똑하게 쓰는 것일까?

지금부터 총 3단계를 소개하겠다. 우리는 디지털 기기를 단순히 참지 않을 것이다. 다음 세 가지를 통해 디지털 디톡스를 매우 현명하고 똑똑하게 실천할 것이다.

1단계 — 기록하기
2단계 — 줄이기
3단계 — 없애기

예전에 이 방법을 활용하여 '디지털 디톡스 챌린지'를 운영했었다. 이때 많은 사람들이 공통적으로 이야기한 효과는 다음과 같다.

'집중력 상승, 두통 완화, 수면의 질 개선, 에너지 회복, 행복감 상승, 업무와 자기계발 시간 확보……'

이 효과를 경험해본 사람은 깊이 공감하며 고개를 끄덕일 것이다. 하지만 경험해 보지 않았다면 나의 주장이 '이 약은 만병통치약입니다.'라는 약장수의 말처럼 느껴질지도 모르겠다. 당신도 실제로 경험할 수 있도록 그 방법을 자세히 설명해 보겠다.

(디지털 기기 중 가장 대표적인 스마트폰을 예로 들 텐데, 노트북이나 스마트 패드도 이러한 원리를 그대로 적용하면 된다.)

1단계 ─ 기록하기

'기록하기'란 말 그대로 스마트폰을 사용할 때 일일이 기록을 남기는 것을 뜻한다. 단순히 '오늘 하루에 얼마나 썼나?'를 보기 위한 기록이 아니다. 우리는 스마트폰을 참지 않을 것이다. 무식하게 참는 것이 아닌, 목적이 있을 때만 사용하는 습관을 들일 것이다.

방법은 간단하다. 일단 자신의 스마트폰 첫 배경 화면에 있는 모든 어플을 다른 페이지로 치워버리고(지워버려도 된다.) 메모장과 타이머만 두는 것이다.

이제 스마트폰을 켤 때마다 바로 카톡을 확인하거나 SNS에 들어가는 것이 아니라, 메모장에 먼저 들어간다. 그리고 현재 스마트폰을 사용하는 목적을 기록한다. 또한 이 목적을 달성하기 위한 제한 시간을 아래처럼 옆에 적는다.

▷ 2024. 08. 01

1. 카톡 답장 — 2분

이렇게 적었다면 바로 타이머로 들어간다. 그리고 2분을 맞춘 후에 스마트폰을 사용하는 것이다. 메모장에 들어가는 것이 불편하다면 포스트잇을 활용해도 좋다. 스마트폰 뒷면에 포스트잇을 붙여 놓고, 폰을 사용하기 전에 이용 목적과 제한 시간을 적는다. 그리고 타이머에 들어가 시간을 맞추고 바로 사용하면 된다.

그렇게 제한 시간이 되어 타이머 알람이 울리면 스마트폰을 내려 놓는다. 물론 상황에 따라 더 사용해야 하거나 새로운 목적이 생길 수도 있다. 그때는 메모장에 들어가 다시 목적과 시간을 적고 타이머를 맞춰서 사용하면 된다. 간단하지 않은가?

이렇게 설명하면 여기저기서 탄성이 들려올 것도 같다.

"아니, 이걸 평생 하라는 거예요!?"

당연히 아니다. 이건 단기적인 챌린지이자 훈련이다. 챌린지 기간에만 짧게 도전해 보면 된다. 3~5일 정도를 추천한다.

잊지 말자. 이 챌린지의 목적은 당신을 귀찮게 하려는 게 아니다. '디지털 기기는 목적이 있을 때만 사용한다.'라는 원칙을 우리의 뇌에 학습시키는 과정이다. 이것이 스마트폰을 무작정 참는 것보다 10배는 더 효과적이고 현명한 방법이다.

한 가지 부연하자면, 급한 업무 전화나 문자가 왔을 때는 기록하기를 생략하고 사용해도 된다. 그 순간만큼은 사용 목적이 명확하기 때문이다. 스마트폰 기록하기는 어디까지나 목적 없이 사용하는 것을 방지하기 위한 훈련이다.

2단계 — 줄이기

3~5일 정도 기록하기를 통해 디지털 디톡스의 핵심을 익혔다면, 이제는 줄이기를 시도해 보자. 줄이기란 목적을 기록하는 것을 넘어, 목적에 의문을 제기해 보는 단계이다.

'정말 필요한 목적인가?'

이 질문에 "No"라는 대답이 나왔다면 스마트폰 사용을 자제해 보자. 물론 이러한 방법으로는 지속이 쉽지 않을 것이다. 그래서 내가 추천하는 방법은 그날 하루의 스마트폰 사용 시간을 계획해 놓는 것이다. 이 방법을 활용하면 자연스럽게 줄이기를 실천할 수 있다.

일단 하루를 시작하기 전에 그날 해야 할 일을 정리한다. 그리고 스마트폰을 꼭 활용해야 하는 업무나 여가 활동이 있다면 같은 시간대에 몰아서 배치하는 것이다. 이렇게 하면 스마트폰이 아니라 다른 무언가에 몰입할 시간을 확보할 수 있다. 다만 이 시간 동안은 스마트폰을 우리 눈에 띄지 않는 곳에 치워둘 필요는 있다.

▷ **2024. 08. 06 하루 계획**

· 오전

10:30~11:00 : 스마트 뱅킹 업무, 이메일 확인

· 오후

2:00~3:00 : 유튜브 시장 현황 파악, SNS 둘러보기

9:00~9:50 : 넷플릭스 시청

하루에 해야 할 일을 미리 계획하듯, 스마트폰 사용 계획도 효율적으로 짜보는 것이다. 이 또한 매일 진행할 필요는 없으며 5일 정도 가볍게 도전해볼 것을 권한다. 업무 특성상 스마트폰을 수시로 들여다봐야 하는 경우도 있을 것이다. 이럴 때는 업무가 모두 끝나고 나서 여가 시간의 스마트폰 활용을 계획해 보면 된다. 이 과정을 통해 목적이 있을 때만 사용하는 것을 넘어, 적절히 통제하는 습관까지 몸에 익히게 될 것이다.

3단계 — 없애기

마지막은 '없애기'이다. 나는 일주일에 8~10시간 정도 이 없애기에 도전한다. 주말이나 쉬는 날을 이용해 스마트폰 사용을 아예 0으로 만드는 것이다.

이때 사람을 만난다면 상대에게 집중할 수 있고, 취미 활동을 할 때도 그 활동에만 전념할 수 있게 된다. 또한 나는 없애기 시간을 활용

해 다음 주 계획을 세우는 편이다. 차분해진 생각이 목표와 계획을 현명하게 세우는 데에 도움을 주기 때문이다.

기록하기와 줄이기 단계에서 목적에 따른 디지털 기기 사용을 익혔다면, 이번에는 없애기를 통해 디지털 기기로부터 완전히 해방되어볼 것을 권한다. 하루 종일은 힘들 수 있으니 최소 8시간 정도로 도전해 보자. 아마 놀라운 경험을 하게 될 것이다. 이때는 아예 스마트폰을 꺼놓거나 보이지 않는 서랍에 넣어버리자. 그리고 완전한 자유를 누려 보자.

지금까지 디지털 디톡스의 3단계에 대해 살펴보았다. 기록하기 5일, 줄이기 5일, 없애기 1일을 권장했는데, 중요한 것은 디지털 디톡스를 습관으로 만드는 것이다. 이를 위해 일상 속에서는 딱 세 가지만 기억하자.

1) 디지털 기기는 목적이 있을 때만 사용한다.
2) 목적에 따라 디지털 기기의 사용 시간을 따로 정해둔다.
3) 일주일에 하루(최소 8시간) 정도는 디지털 기기로부터 완전한 해방을 즐긴다.

이 세 가지가 습관으로 자리 잡는다면 당신의 에너지는 더 이상 낭비되지 않을 것이다. 친구 혹은 주변 지인과 함께 이 '5—5—1 디지털 디톡스 챌린지'를 진행해 보자. 상금이나 벌금을 걸어 보는 것도 좋다. 만약 스마트폰 사용을 도저히 못 참겠다면 〈넌 얼마나 쓰니〉 같은 스마트폰 중독 방지 앱을 사용해볼 수도 있다. 여기에는 바로 잠금, 예약 잠금 같은 기능이 있다. 스마트폰이 모두 잠기는 것은 아니라서 전화, 문자나 잠금 앱 지정은 가능하다. 하지만 디지털 디톡스를 위해 이 같은 앱의 도움보다는 본인의 필요성 절감, 습관을 위한 훈련이 선행되어야 한다는 점을 명심하자.

나는 없애기를 실천하는 날을 '해방의 날'이라고 부르기도 한다.

이날에 많은 생각 정리가 이루어지고 좋은 아이디어들이 쏟아져 나온다. 한숨을 푹푹 내쉬었던 고민거리가 이때 해결책이 보이기도 한다. 그만큼 우리의 주의와 생각은 디지털 기기에 시도 때도 없이 사로잡혀 있다. 스마트폰은 점점 더 스마트해지지만, 우리는 점점 더 멍청해지고 있다는 말이 괜히 나온 게 아니다.

2. 관조 글쓰기 --

앞서 설명했듯이 우리의 뇌는 많은 에너지를 사용한다. 그런데 만약 머릿속이 고민과 관념으로 가득 차 있다면 어떻게 될까? 에너지 소모에 가속도가 붙게 될 것이다. 생각이 많은 날에 쉽게 지치는 이유가 여기에 있다. 이를 방지하기 위해서는 디지털 디톡스와 더불어 관조 글쓰기라는 행동이 필수적이다.

관조 글쓰기란 말 그대로 관조하는 글쓰기 방법을 뜻한다. 자신의 감정이나 생각을 관조하며 적어 보는 것이다. 그렇다면 관조라는 건 무엇일까? 쉽게 말해 '무언가를 있는 그대로 바라보는 것'을 말한다. 생각이나 감정을 있는 그대로 바라본다는 측면에서 관조 글쓰기를 전에는 '관조 명상'이라고도 불렀다.

예를 들어 시끄러운 오토바이를 보고 '아 시끄럽고 짜증나네.'라고 하는 것이 아니라, '오토바이가 굉음을 내고 지나가는구나. 소리가 커서 순간 놀란 마음이 올라왔네.'라고 반응하는 것이 관조라고 할 수 있다. 이러한 연습은 차분한 감정 관리와 생각 정리에 큰 도움을 준다.

지금부터 그 방법에 대해 구체적으로 배워 보자.

1) 종이와 펜을 꺼낸다.(습관으로 자리 잡으면 키보드로 작성해도 괜찮지만, 처음에는 무조건 종이에 직접 쓰는 것이 효과적이다.)

2) 자신의 감정, 생각을 있는 그대로 작성한다. 이때 자신을 속이지

는 말자. 아래처럼 있는 그대로, 적나라하게 써야 한다.

— 머리가 복잡하고 답답하다.(감정)

— 너무 행복하고 짜릿하다.(감정)

— 직장 상사에게 짜증이 난다.(감정)

— 나는 인생이란 고통이라고 생각한다.(생각)

여기서 중요한 점은 절대 자신에게 거짓말을 하지 않는 것이다.

열등감이 올라오는데 그것을 인정하기 싫어서 '기분이 좋다.'라고 적는 건 자신을 속이는 행위이다. 이런 식으로는 절대 원하는 삶을 살아갈 수 없을뿐더러 심하면 훗날 정신병에 걸릴 수도 있다.(과장이 아니라 진심이다.) 일단 최대한 솔직하게 본인의 생각이나 감정을 작성해 보자. 정말 솔직하게 말이다.

3) 다음으로 종이에 적힌 감정이나 생각(what, 무엇)에 'why(왜)'라는 질문을 던져 보자. 왜 그런 생각이 들었는지, 왜 그런 감정이 올라왔는지 차분하게 분석해 보는 것이다.

• what : 열등감이 올라온다.

• why : 나와 같은 나이인데도 그는 벌써 멋진 차를 사고 좋은 아파트에 살고 있다.

여기서도 핵심은 솔직함이다. 관조 글쓰기는 자신에게 거짓말을 하는 순간에 효과가 제로가 된다.

자신의 감정과 생각에 대한 이유를 적어 보았다면 더 깊게 분석해 봐도 좋다. 예를 들어 작성한 이유에 다시 why라는 질문을 던져 더욱 근본적인 원인을 찾아본다거나, 혹은 자신의 생각이나 감정에 '또 다른 why'라고 질문하며 다양한 이유를 파악해 보는 것이다.

- what : 열등감이 올라온다.
- why : 나와 같은 나이인데도 그는 벌써 멋진 차를 사고 좋은 아파트에 살고 있다.
- → 더 깊은 why : 내가 대학에 진학할 때 그는 바로 사업을 시작했고 다양한 사업 실패를 겪으며 결국 성공했다.
- → 또 다른 why : 그가 나를 무시하는 눈빛으로 쳐다봤다.

이렇게 더 이상 why가 나오지 않을 때까지 차분하게 분석해 보자.

4) 마지막으로 자기 자신에게 'how(어떻게)'라는 질문을 던져 보자. 자신만의 해결책을 제시하는 것이다.(어떻게 생각할 것인가? 혹은 어떻게 행동할 것인가?)

- what : 열등감이 올라온다.

- why : 나와 같은 나이인데도 그는 벌써 멋진 차를 사고 좋은 아파트에
  살고 있다.

→ 더 깊은 why : 내가 대학에 진학할 때 그는 바로 사업을 시작했고 다
  양한 사업 실패를 겪으며 결국 성공했다.

→ how(어떻게) : 누군가에게 열등감이 들었다는 건 그 상대가 내가 원
  하는 무언가를 가지고 있다는 신호이다. 그를 욕하고
  피할 것이 아니라 오히려 친해지고 배우려고 노력하
  자. 나의 자존심을 세우기보다는 내가 성장하는 것이
  더 중요하다. 이게 오히려 나의 장기적인 자존심을 지
  키는 길이라고 생각한다.

물론 처음부터 이처럼 긍정적이고 발전적인 how가 나오지는 않
을 것이다. 누군가에게 보여주며 평가받는 것이 아니니 괜찮다. 당신
만의 가치관대로 편하게 how를 작성해 보자.

지금까지 what(생각이나 감정) — why(이유) — how(해결책)라는 관조
글쓰기의 훈련 과정을 살펴보았다. 이 연습을 꾸준히 지속한다면 당
신에게 정말 놀라운 일이 벌어질 것이다.

일단 기본적으로 에너지 레벨이 유지된다. 왜냐하면 생각이 정리
되고 쓸데없는 걱정과 불안에 에너지를 빼앗기지 않게 되기 때문이

다. 그리고 멘탈이 강해진다. 강한 멘탈은 뜨거운 열정이 아니라 차분함에서 온다. 관조 글쓰기가 습관으로 자리 잡힌 사람은 차분하고 여유로운 사람이 될 수밖에 없다.

세상의 모든 성공한 사람들은 관조 능력이 탁월하다. 거의가 그렇다. 일단 기본적으로 무언가에 크게 흔들리지 않으며 차분하게 관조하는 훈련이 되어 있다. 즉 일희일비하지 않는다.

이 관조 글쓰기를 하루에 최소 2번씩은 연습해 보자. 나는 이것을 3년 이상 지속하고 있고 지금은 머릿속에서 자동으로 'why — why — how — ok!' 과정이 진행된다. 그러나 아직도 글로 적어 보는 것을 선호한다. 생각을 글로 적는 것 자체가 관조(있는 그대로 바라보는 것)에 도움을 주기 때문이다.

3. 운동 --

에너지를 높이는 세 번째 방법은 운동이다.(정확히 말하면 운동은 에너지를 담고 있는 통의 크기 자체를 넓히는 행위이다.) 사실 운동이 좋은 건 누구나 알고 있다. 운동을 꾸준히 하면 신체 건강과 더불어 정신 건강에도 좋다는 것은 이제 상식이다.

하지만 정작 운동을 꾸준히 하는 사람들은 얼마나 될까? 우리 주변을 둘러봐도 많지 않은 게 현실이다. 이처럼 아는 것과 하는 것에는 정말 큰 차이가 있다.

우리가 운동을 어려워하는 이유는 무엇일까? 어떻게 하면 운동을 습관으로 만들 수 있을까?

나는 운동에 대한 인식부터 바꿔야 한다고 생각한다. 운동이란 단어 그대로 해석하면 옮길 운運에 움직일 동動, 즉 몸을 움직이는 것을 말한다. 하지만 각종 미디어에 방영되는 선수들과 프로 운동인들의 모습에 익숙해진 우리는, 운동을 너무 거창하게 생각하는 경향이 있다. 만약 당신이 프로 선수를 목표로 한다면 당연히 그에 맞는 훈련이 필요할 것이다. 하지만 그게 아니라면 운동이란 것을 정말 '몸 움직이기' 정도로 편하게 바라볼 필요가 있다.

지금부터 어떤 운동을 얼마나 해야 하는지에 대해 알아볼 것이다. 사람마다 건강 상태나 상황이 다르기에 절대적인 기준은 없겠지만,

다수에게 적용될 만한 기준 하나를 정하자면 다음과 같다.

"땀이 날 정도의 중강도 유산소 운동 30분"

자기계발의 기초 에너지 측면에서는 이 정도면 충분하다.

물론 체력을 제대로 키우기 위해서는 심폐 지구력과 더불어 근력, 유연성까지 신경 써야 한다. 하지만 일단 초반에는 매일 30분 정도의 중강도 유산소 운동을 꾸준히만 해도 된다. 이게 습관으로 자리 잡으면 하체와 코어 근육, 그리고 스트레칭을 병행해 유연성까지 챙겨 주면 좋다. 하지만 꼭 기억하자. 일단 30분 유산소 운동 습관을 만드는 것이 먼저다.

운동을 생활화하는 데 아직 감을 잡기가 어려운 분들을 위해 크게 두 가지 기준을 제시해 보겠다.

1. 접근성

일단 운동에 접근하기 편해야 한다. 매일 운동을 위해 차로 1시간 이상 이동해야 한다면 이를 지속하기란 매우 어려울 것이다. 언제든 마음만 먹으면 운동 시작이 가능해야 한다. 그래야 지속할 수 있다. 많은 분들이 달리기나 자전거를 즐기는 이유가 여기에 있다고 생각한다. 운동 시작까지의 접근성이 매우 좋기 때문이다. 혼자서 언제 어디서든 할 수 있는 운동이 가장 접근성이 좋은 편이다.

2. 흥미

두 번째 기준은 흥미이다. 운동에 흥미가 없다면 결코 지속할 수 없다. 나 같은 경우에는 예전에 달리기나 실내 사이클을 즐겼다. 접근성이 매우 좋았기 때문이다. 하지만 계속 혼자서 하다 보니 흥미가 차츰 떨어졌다. 일이 바빠지면서 자꾸 일을 핑계로 운동을 미루는 나 자신을 발견하게 된 것이다.

그때부터 사람들과 어울릴 수 있는 운동을 찾아보기 시작했다. 그래서 시작한 것이 풋살이다. 풋살은 팀 스포츠이기 때문에 접근성 면에서 큰 단점을 가지고 있다. 사람들이 모여야 진행이 가능하기 때문이다. 하지만 '플랩풋볼'이라는 소셜 축구, 풋살 사이트를 알게 된 덕분에, 집에서 걸어서 15분 거리에 있는 풋살장에서 언제든 풋살을 즐길 수 있게 되었다. 그렇게 현재는 달리기와 실내 사이클을 넘어 풋살, 배드민턴 등 다양한 운동을 즐기고 있다.

이처럼 꼭 하나의 운동에 연연할 필요는 없으며 접근성과 흥미, 이 두 가지를 기준 삼아 여러 운동을 즐겨 보기 바란다. 이렇게 했을 때 운동은 목표가 아니라 시스템, 즉 라이프스타일로 자리 잡게 된다.

만약 이마저 귀찮게 느껴진다면 일단 하루 30분 산책으로 시작하자. 매일 딱 30분만 운동화를 신고 밖에 나가서 걷다가 오는 것이다. 다만 아래처럼은 안 된다.

"저는 출근할 때 30분 걸으니까 괜찮죠?"

운동과 노동은 다르다. 물론 움직이지 않는 것보다는 낫겠지만, 꼭 하루 30분 운동 시간을 따로 빼자. 정말 이것 하나만큼은 확실하게 말할 수 있다. '힘이 없어서 운동을 못하는 게 아니라 운동을 안 해서 힘이 없는 것이다.' 나의 교육 코스에 참여했던 분들도 하루 30분 산책으로 시작해 경보, 달리기로 점차 확장해 나갔다. 당신도 할 수 있다. 일단 운동화부터 신어 보자.

에너지 높이는 법 정리 --------------------------------

지금까지 에너지를 높이는 3가지 방법에 대해 살펴보았다. 다시 한 번 떠올려 보자. 에너지를 높이기 위해서는 어떠한 행동들을 우리의 일상에 배치해야 하는가?

1. 디지털 디톡스
2. 관조 글쓰기
3. 운동
4. 수면(잠)
5. 음식 섭취

사실 4와 5번이 우리의 에너지 유지에 더 기초적이다. 아무리 운동을 하고 디지털 디톡스를 해도, 잠을 제대로 자지 못하고 음식을 섭취하지 않으면 우리 신체는 그 무엇도 할 수 없는 상태가 되어 버린다. 하지만 내가 디지털 디톡스와 관조 글쓰기, 그리고 운동을 먼저 설명한 이유는 이 세 가지가 수면과 음식 섭취에도 매우 긍정적인 영향을 미치기 때문이다.

수면과 음식 섭취에 대해서는 간략하게 설명하고 넘어가겠다.

현재 우리의 수면을 방해하는 주적은 단연 스마트폰이다. 일단 디지털 디톡스를 안내한 대로 잘 실행한다면 수면 시간 확보에 큰 도움이 된다. 추가로 관조 글쓰기를 통해 생각을 차분하게 정리하고, 꾸준한 운동을 통해 멜라토닌(수면 호르몬) 분비를 정상화하면 수면의 질도 좋아질 수밖에 없다.

그리고 수면에 대해 꼭 알아야 할 게 있다. 바로 잠을 자는 데에도 준비가 필요하다는 것이다. 운동을 시작하기 전에는 준비 운동과 스트레칭을 하면서, 잠을 자기 위해서는 다들 별다른 준비를 하지 않는다. 하루의 컨디션은 그날 아침 컨디션이 결정하고, 아침의 컨디션은 전날 밤에 무엇을 하느냐에 따라 결정된다.

잠에 들기 최소 2시간 전부터는 이 세 가지를 지켜주면 좋다.

1) 식사 금지

2) 무리한 운동 금지(산책이나 가벼운 달리기는 ok)

3) 어두운 상태 유지하기

나는 개인적으로 취침 1시간 전에 스마트폰을 보이지 않는 곳에 넣어두고, 어두운 공간에서 요가 매트를 깔고 가벼운 스트레칭을 한다. 이 루틴을 한 날과 하지 않은 날은 잠에 드는 속도부터 수면의 질까지 큰 차이가 난다.

음식 섭취는 사람마다 건강 상태나 맞는 음식이 모두 다르기에 절대적 기준은 없다. 다만 에너지를 위한 가장 확실한 기준은 좋은 음식을 많이 챙겨 먹기보다 나쁜 음식을 피하는 것이다. 여기서 나쁜 음식이란 가공이 많이 된 음식을 말한다. 세상에는 우리를 유혹하는 가공식품들이 너무나 많기에 아예 먹지 않는 것은 거의 불가능할 것이다. 그래서 꼭 자신만의 규칙을 세우는 게 좋다. 현재 내가 지키고 있는 규칙은 다음과 같다.

1) 배달 음식, 외식은 일주일에 한 번만
2) 음주는 한 달에 한 번만

물론 지키기 어려울 때도 있다. 하지만 이러한 규칙을 의식적으로 지키려고 노력하는 것과, 그렇지 않은 것은 정말 다르다. 꼭 기억하자. 우리 몸은 우리가 섭취하는 음식으로 구성된다. 몸을 챙기고 싶다면 먹는 음식부터 바꿔야 한다.

땅이 단단해야 실행력도 생긴다 --------------------

이제 마인드셋부터 에너지까지 전체를 정리해 보자.

마인드셋이 건물이라면 에너지는 그 건물을 받치고 있는 땅이다. 아무리 좋은 마인드를 가진 사람도 무너진 에너지에는 당해낼 수 없다. 에너지를 유지하고 높이는 방법은 각자의 방식이 있겠지만, 공통적으로는 5가지를 추려볼 수 있다.

디지털 디톡스, 관조 글쓰기, 운동, 수면, 음식 섭취.

앞의 3가지를 루틴으로 만든다면 나머지 수면과 음식 섭취에도 좋은 영향을 미치게 된다. 그러니 이 5가지를 꼭 기억하여 에너지와 마인드셋을 함께 단련하자. 그래야 지독하게 변하지 않는 스스로를 바꿀 수 있다.

그런데 여기서 한 가지 근본적인 의문이 들 수도 있다.

'코치님. 마인드셋과 에너지, 이런 것들이 성공하는 것과 무슨 관계가 있을까요?'

빠르게 성공하고 싶은 마음은 충분히 이해한다. 하지만 나를 비롯해 많은 자기계발 코치들이 마인드셋을 강조하고 독서, 글쓰기, 운동 등을 당부하는 데는 이유가 있다.

한번 생각해 보자. 자기계발을 잘해야 돈도 잘 벌까? 아니면 돈과 자기계발은 그다지 상관이 없고, 돈 버는 지식만 있으면 되는 걸까?

이와 관련해, 예전에 부동산 투자 강의를 들을 때 강사분이 이런 사례를 이야기해 주었다.

"전에 A라는 분과 상담했을 때의 일입니다. 저는 항상 투자 마인드를 강조해요. 그래서 그분께도 마인드의 중요성, 마인드를 바꾸는 방법부터 차근차근 알려드렸죠. 그런데 갑자기 그분이 짜증을 내는 거예요."

수강생의 입장은, 그런 추상적인 말보다는 어디 아파트가 얼마나 오를 것 같은지 구체적인 정보를 알려 달라는 것이었다. 마인드는 됐고 그냥 좋은 정보만 알면 돈을 벌지 않겠느냐는 논리였다.

하는 수 없이 강사는 유망한 아파트 한 곳을 지정해 얼마의 대출을 받아서 사라고 했다고 한다. 그랬더니 이틀 뒤 A에게서 전화가 왔다.

"아이고, 강사님. 그런데 대출받아서 그 아파트를 사면 너무 위험하지 않을까요? 더 안전한 거는 없을까요?"

결국 이 수강생은 아파트를 사지 못했고, 아파트 가격은 이후 실제 예상했던 것보다 몇 배는 더 올랐다.

내가 마인드와 에너지를 강조하는 것도 비슷한 이유 때문이다. 마인드가 그대로면 그 어떤 것을 알려줘도 어차피 실행을 못 한다.

특히 요즘에는 'OO만 하면 6개월 만에 월 1,000만원 달성', '월 500만원 자동 소득 만드는 법' 같은 강의나 책들이 흔하다.

빨리 성공하고 싶은 마음에서는 사실 자기계발이 조금 지루할 수도 있다. 이해한다. 그냥 앞에서 언급한 강의 몇 개 듣고 열심히 실행만 하면 될 것도 같으니까.

이런 생각에 '그래, 나도 반드시 해낼 거야!'라며 각오를 다지고 강의를 결제한다. 월 수천만 원씩 버는 자신을 떠올리니 설레기까지 한다. 그렇게 강의를 다 듣고 나서 이 사람은 얼마나 멋지게 변화했을까? 그렇다. 변한 것은 전혀 없다.

앞의 두 사람에게는 무엇이 문제였을까?

왜 똑같은 강의를 듣고도 누구는 큰돈을 버는데, 다른 누구는 그대로일까? 이유는 간단하다.

"땅이 단단하지 않아서."

자기계발 능력은 '땅'이고, 돈을 벌며 자산을 늘리는 능력은 '건물'이다. 땅이 단단하지 않다면 그 어떤 건물도 무너져 내린다. 땅(자기계발)이 단단하지 않으면 돈도 잘 벌기 어렵다. 운 좋게 많이 벌었더라도 잘 유지하고 키워나갈 수도 없다.

이것을 만나고 모든 게 바뀌었다

내가 자기계발에 눈을 뜬 건 스무 살 재수생 때였다. 즉 성인이 되자마자 나는 '원하는 삶'이란 걸 고민하기 시작했다.

"코치님은 이른 나이에 삶의 지혜를 터득하셨군요?"

그건 절대 아니다. 내가 원하는 삶을 고민한 건 나의 결핍 때문이었다. 나는 경제적으로든 정서적으로든 부족함 없는 집안에서 자랐다. 부모님이 다투시는 모습을 한 번도 본 적이 없을 정도로 결핍과는 거리가 먼 환경이었다. 하지만 그런 내게도 큰 결핍이 하나 있었다. 바로 성적이었다. 고등학교 3학년이 되기 전까지는 성적이란 단어가 그리 와닿지 않았다. 굳이 공부를 해야 하는 이유도 느끼지 못할 만큼 친구들과 축구하고 노는 게 너무 행복했다.

그런데 3학년이 되자 교실의 분위기가 달라지기 시작했다. 모든 대화 주제가 축구와 게임에서 수능과 대학으로 바뀌었다. 이때부터 였을까, '지방대에 가면 인생 망한다.'라는 말이 친구들 사이에 유행어처럼 돌았다. "너는 OO대학교나 갈 놈"이라며 서로를 놀리면서 박장대소하기도 하였다. 하지만 그때 나는 함께 웃지 못했다. 그게 내 이야기처럼 들렸기 때문이다.

누군가는 이런 결핍을 발판 삼아 드라마틱한 성적 역전을 이뤄냈겠지만, 나에게는 딴 세상 이야기일 뿐이었다. 다른 친구들이 12년 동안 쌓아온 노력을 1년 만에 따라잡기란 무리였다. 그렇게 내가 받아든 성적은 수능 평균 6등급. 절망적이었다. 부모님은 성적에 맞춰 지방대학교에 진학하라고 하셨지만, 나는 도저히 지방대 입학이 받아들여지지 않았다. 지금 생각해 보면 내가 진짜 두려워했던 건 지방대학교 입학이 아니라 '무언가를 꿈꿀 수 없는 희망이 없는 인생'이었던 것 같다.

그렇게 스무 살이 된 나는 설레는 웃음소리로 가득한 대학 캠퍼스가 아닌 삭막한 재수학원의 복도를 걷게 되었다. 나는 이때 처음 알았다. 오히려 공부를 잘하는 학생들이 재수를 한다는 사실을. 나는 기초가 아예 없었던 탓에 중학교 수학부터 다시 공부해야 했다. 하지만 옆자리에서는 작년 수능 문제를 채점해 보면서 세 개나 틀렸다며 한숨을 내쉬고 있었다.

'1년을 더 한다고 이게 의미가 있을까?' 이런 회의감이 올라오면서 나는 점점 인터넷 강사들의 동기부여 강의로 도피했다. 동기부여 강의를 들을 때만큼은 마음이 편했다. 그 순간만큼은 마치 뭐든지 할 수 있을 것 같았기 때문이다. 하지만 그때뿐이었다. 다시 수업이 시작되면 도저히 알아듣지 못하는 이야기들에 고개를 떨구었다.

그렇게 동기부여 강의로 위안을 삼으며 하루를 보내고 있을 때쯤, 한 강사의 멘트가 내 모든 걸 바꾸어 놓았다. 사회탐구 강의였는데, 수업 중에 자신의 꿈에 대한 이야기를 하였다.

"얘들아, 나는 꿈이 있어. 자본주의의 다음 이데올로기를 창시하는 거야."

그때 나는 온몸에 소름이 돋았다. 그 강사의 꿈에 놀란 게 아니었다. 내가 꽂힌 건 그 강사의 반짝거리는 눈빛이었다. 그 순간 이 생각이 머릿속을 가득 채웠다.

'나도 저 눈빛으로 살아보고 싶다.'

이 일이 있고 나서 나는 집 앞 서점으로 향했다. 서점 자동문이 열리자마자 수능 교재 쪽을 지나 자기계발 코너로 갔다. 꿈을 찾고 싶었기 때문이다. 꿈이 있어야 그 인강 강사의 눈빛으로 살 수 있다고 생각했다. 그것은 꿈이 없는 사람들에게는 나올 수 없는 눈빛이었다.

이후 수능 교재보다 자기계발서를 더 자주 펼쳤던 나는 수능 평균 성적 5등급을 받고 지방대학교에 입학했다. 그럼에도 나의 입가에는 미소가 번져 있었다. 꿈을 찾았기 때문이다. '사람들의 자기계발을 돕자.'라는 나의 소중한 꿈을.

그렇게 7년이 흘렀다. 수백 권의 책을 읽었고 다양한 자기계발 코스에 참여했다. 내 머릿속은 늘 하나의 문장으로 꽉 차 있었다.

'어떻게 하면 다른 사람들의 자기계발을 더욱 효과적으로 도울 수 있을까?'

이 물음 하나에 완전히 몰입되어 있었다. 군대에서 후임들을 한 명씩 침상에 앉혀 놓고 "네가 생각하는 행복이란 뭐야?", "성공은 뭐라고 생각해?"라며 계속 캐물었을 정도였으니 말이다.(돌이켜보면 나를 참이상한 선임으로 생각했을 것 같다.)

전공 공부 이상으로 자기계발 연구에 몰두하던 시절의 기록

그 후 시간이 흘러 나는 그림 한 장을 완성하게 된다.

아래의 그림 하나를 위해 내 20대 전부를 바쳤다. 이름은 바로 〈자기계발의 지도〉. 이것을 만나고 나는 모든 것이 바뀌었다. 일단 내가 목표로 하는 건 모두 이룰 수 있는 힘을 갖게 되었다. 자기계발의 지도를 활용할 줄 알게 되면 모든 목표는 '가능 vs 불가능'의 문제가 아니라 시간문제가 된다.

30:1의 경쟁률을 뚫고 평소에 존경하던 사업가분과 함께 일을 하게 된 것, 약 5만 명 규모의 자기계발 커뮤니티를 총괄하게 된 것, 대학교 졸업과 동시에 '김현두 자기계발 연구소'라는 나만의 작은 사업을 시작하게 된 것, 꿈에 그리던 이상형을 만나 결혼하게 된 것, 그리고 책을 쓰는 작가가 된 것, 모두 〈자기계발의 지도〉를 활용한 덕분

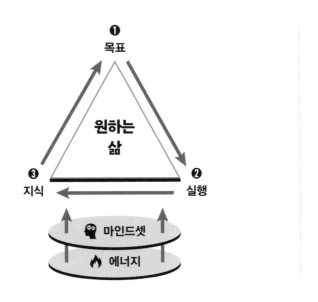

이라고 확신한다.

이 책을 쓰고 있는 날짜 기준으로 정확히 어젯밤 11시에 이메일 하나가 도착했다. 자기계발의 지도를 활용한 교육 코스의 수강생분이셨는데, 최근 원하는 기업에 개발자로 취업하게 되었고 그 과정에서 자기계발의 지도가 큰 등대 역할을 해주었다는 것이다.

이처럼 자기계발의 지도를 만난 분들에게서 원하는 회사에 취업했다는 소식, 자신만의 사업을 시작했다는 소식, 운영하고 있는 회사에서 큰 성과를 내었다는 소식 등이 끊임없이 들려온다.

이 책은 〈자기계발의 지도〉를 기반으로 작성되었다. 그래서 집중력을 잃지 않고 끝까지 따라온다면, 머지않아 당신도 놀라운 경험을 하게 될 것이다.

자, 이제 자기계발의 지도가 정확히 어떠한 역할을 하는지 살펴보자. 우리는 평소에 다양한 지도를 활용한다. 네이버 지도, 카카오 맵, 구글 맵 같은 지도 앱을 비롯해 관광지나 공원, 지하철 등에 갈 때도 그곳의 안내 지도를 참고하곤 한다. 그렇다면 우리는 왜 지도를 보는 것일까? 바로 지도가 우리에게 다음 세 가지 정보를 제공해주기 때문이다.

1) 현재 내 위치

2) 내 목적지

3) 내 위치와 목적지까지의 최단 거리

우리가 자기계발을 할 때, 즉 원하는 삶을 살아갈 때 자기계발의 지도를 참고해야 하는 이유도 여기에 있다. 자기계발의 지도는 우리에게 아래 사항을 안내해 준다.

1) 자기계발에서 현재 나의 위치
2) 자기계발에서 나의 목적지
3) 내 위치와 목적지까지의 최단 경로

아직은 익숙하지 않아 낯설게 느껴지겠지만, 이 책의 마지막 장을 읽을 때쯤에는 이 지도가 당신의 든든한 등대가 되어줄 것이다.

지금부터 지도를 간단히 살펴보자. 오른쪽 지도를 보면 아래에 타원형 두 개가 있고 위에 삼각형 하나가 보인다. 타원형 두 개는 자기계발의 기초, 위 삼각형은 실전이라고 이해하면 된다.

에너지와 마인드셋이 땅이라면, 목표와 실행 그리고 지식은 건물이다. 목표가 크고 많은 사람은 무거운 건물을 가지고 있다고 할 수 있다. 그렇다면 그에게는 보다 더 단단한 에너지와 마인드셋이 필요하다.

많은 사람들이 자기계발에 실패하는 이유는 간단하다. 기초를 신경 쓰지 않고 바로 실전에 들어가기 때문이다. 축구를 예로 들면 기본적인 체력이 없고 볼터치와 패스도 제대로 못하는 사람이 바로 실전 경기에 들어가는 것과 같다. 5분만 지나도 지쳐 버릴 것이고 공을

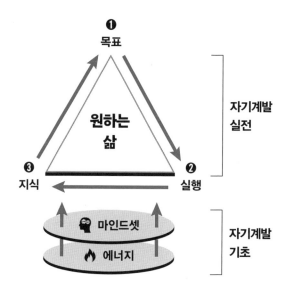

잡아도 그대로 상대편 선수에게 빼앗기고 말 것이다.

하지만 축하한다. 이 지도를 만나게 되었으니 당신은 그런 실수를 저지르지 않을 것이다. 기초와 실전, 땅과 건물. 에너지와 마인드셋이 떠받치고 '목표 — 실행 — 지식'으로 순환된다는 이 개념을 이해했다면 자기계발의 지도의 핵심을 완벽히 파악하게 된 것이다.

지금까지 1장에서는 당신이 지독하게 변하지 않는 이유를 총 네 가지 측면에서 살펴보았다.

가장 처음에 자기계발의 정의를 살펴보았고, 이어서 자기계발 필수 마인드셋 5가지를 정리했다. 하지만 마인드셋은 에너지라는 땅

위에 서있는 건물과도 같았다. 그래서 에너지를 높이는 5가지 루틴에 대해서 알아보았고, 마지막으로 자기계발의 지도를 보며 자기계발의 전체 그림과 함께 기초와 실전이라는 개념까지 파악했다. 이를 통해 이제껏 내가 변하지 않은 이유를 찾았다면 그것은 곧 진짜 새로운 변화가 시작된다는 의미이기도 하다.

그렇다면 이제 우리는 무엇을 해야 할까? 에너지와 마인드셋, 즉 기초에 대해 배웠으니 바로 실전으로 가야 할까?

실전의 첫 번째 순서는 바로 '목표 설정'이다. 그런데 혹시 자기계발의 정의를 기억하는가? 맞다. 원하는 삶과 닮아가는 과정. 우리는 아직 '무엇과 닮아가야 할지'에 대한 이야기를 나누지 못했다.

미라클 모닝의 함정

나는 미라클 모닝이라는 단어를 그리 좋아하지 않는다. 대신 미라클 '스타트'라는 말을 선호한다.

미라클 모닝은 '모두가 아침에 일찍 일어나야 한다.'라는 의미로 받아들여질 수 있다. 하지만 사람마다 원하는 삶이 다르듯, 각자의 생활 패턴과 신체 리듬은 모두 다르다. 그래서 내가 강조하고 싶은 단어가 바로 미라클 '스타트'이다. 몇 시에 일어나든 나만의 호흡과 루틴으로 시작하라는 의미이다.

많은 사람들이 눈을 뜨자마자 다급한 마음에 억지로 아침밥을 밀어넣고 대충 씻은 뒤 지옥철에 몸을 내던진다. 이건 미라클 스타트가 아니라 '헬 스타트'라고 불러야 할 것 같다.

말 그대로 지옥이다. 왜냐하면 하루의 시작을 자신만의 호흡으로 시작하지 못하고 있기 때문이다. 차분하게 나를 바라보고, 하루를 계획하고, 자신을 동기부여하는 과정 없이 하루를 시작하는 것은 나만의 호흡이 아니라 과호흡이라고 할 수 있다. 그리고 이러한 과호흡 반복은 번아

웃과 무기력을 불러오게 된다.

육아를 하는 분이라면 아이가 잠에서 깨기 전, 자신만의 호흡으로 하루를 시작하고 싶을 것이다. 이러한 경우에는 당연히 새벽 기상이 올바른 선택이라고 생각한다. 하지만 남들이 한다고 해서 '아무런 목적 없이' 새벽에 일어나는 건 의미가 없다. 아침에 3시간 일찍 일어나 놓고, 낮잠을 3시간 자버리면 그게 무슨 소용인가?

자신의 상황과 목표에 맞게 하루 시작 시간을 정해보자. 지금까지 당신만의 차분한 호흡이 아니라 과호흡으로 하루를 시작했다면 10~20분 정도만 서서히 기상 시간을 앞당겨 보는 것이 좋다. 그리고 그 시간만큼은 오직 당신이 원하는 대로 계획해 보기 바란다.

나의 호흡으로 하루를 시작하는 가장 좋은 방법은 나만의 모닝 루틴을 만드는 것이다. 이때 자기계발의 지도를 참고해 아래처럼 '에너지 — 마인드셋 — 목표' 순으로 시작해 보는 것을 추천한다.

1) 에너지 : 스트레칭, 햇빛 보기, 가볍게 걷거나 뛰기

2) 마인드셋 : 관조 글쓰기를 통해 생각과 감정 정리

3) 목표 : 오늘의 계획 점검 후 시작!

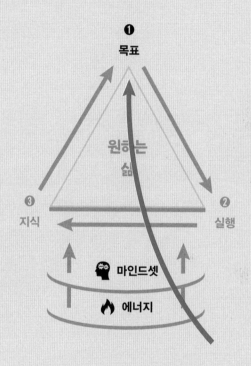

Chapter 2

내가 원하는
삶을 찾는 법

나는 어떻게 살고 싶을까?

이제 우리는 자기계발이 무엇인지 정확하게 알았다. 그리고 우리를 힘들게 하던 마음을 모두 던져버리는 법도 배웠다.(마인드셋, 에너지) 따라서 우리가 할 일은 딱 두 가지뿐이다.

1) 원하는 삶을 설정하고
2) 그것과 닮아가면 된다.

어떤가, 간단하지 않은가? 지금쯤 이런 걱정이 들 수는 있다.
"그렇기는 한데, 내가 원하는 삶을 정확히 안다는 것부터가 너무 어렵습니다."

공감한다. 대한민국에서 자신이 원하는 삶을 정확히 알고 그걸 이루기 위해 살아가는 사람이 과연 얼마나 될까? 5천만 국민 중 5천 명은 될는지 모르겠다. 당신이라면 어떻게 살고 싶은가? 당신이 원하는 삶은 무엇인가?

사람들은 대개 이 두 가지를 이야기한다. '돈이 많았으면 좋겠어요.', '건강하면 좋겠어요.' 물론 나도 수긍한다. 하지만 정말 이게 전부일까? 돈이 많고 몸만 건강하다면 원하는 삶을 모두 이루게 된 걸까? 이렇게 생각하면 또 머리가 복잡해질 것이다. 원하는 삶이라……. 생각할수록 참 추상적이고 어려운 단어다.

지금부터 삶의 5가지 요소를 함께 살펴보자. 이 5가지를 이해한다면 당신이 원하는 삶은 보다 수월하게 그려질 것이다.

우리의 삶은 크게 5가지 요소로 구성되어 있다. 건강, 돈, 일, 여가, 인간관계. 건강과 돈이 땅이라면 일, 여가, 인간관계는 건물이라고 이해하면 쉽다.

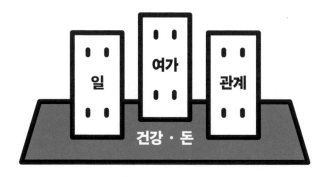

땅부터 살펴보자.

건강은 신체적인 생존을 의미한다. 우리 인간은 신체를 가지고 살아가기에 건강이 무너지면 그 무엇도 할 수 없게 된다. 두 번째로 돈은 사회적 생존을 의미한다. 우리가 살아가는 자본주의 사회에서는 돈이 없으면 사회적 생존에 적신호가 켜지게 된다.

이처럼 돈과 건강, 즉 땅이 무너지면 모든 게 무너진다. 원하는 일, 여가, 인간관계는 모두 우선순위에서 밀리고 오직 생존에만 집착하게 될 것이다.

그런데 여기서 궁금증이 하나 생긴다. 원하는 삶을 살아가기 위해서는 돈과 건강이 도대체 어느 정도까지 필요할까?

나는 이렇게 생각한다. 일상생활이 가능할 정도의 건강과 생계유지가 가능할 정도의 돈. 이 두 가지가 충족된 사람이라면 누구나 자신의 원하는 삶을 추구할 자유와 기회가 있다고 생각한다.

땅을 보았으니 이제 건물을 살펴보자. 우리가 원하는 삶은 어떻게 구성해볼 수 있을까?

이는 우리가 평소에 무엇을 하며 살아가는지 떠올려 보면 답이 명확해진다. 대부분의 사람들은 주로 평일에는 일과 휴식으로 하루를 보낸다. 그리고 주말에는 취미를 즐기고 친한 친구나 사랑하는 사람을 만나 시간을 보내기도 한다. 즉 우리는 일, 여가, 인간관계, 이 세 가지로 삶을 채워 가게 된다.

그런데 이 세 가지가 모두 불만족스럽다면 어떻게 될까? 아무리 많은 돈과 건강한 신체를 가졌다고 한들 그 인생은 불행할 것이다.

잠시 멈춰 10초만 고민해 보자.

당신의 현재 삶은 땅(건강/ 돈)과 건물(일/ 여가/ 관계) 중 무엇을 더 신경 써야 하는 상황인가?

땅을 전혀 신경 쓰지 않고 높은 건물만을 쌓고자 노력한다면 결국 그 건물은 무너지고 말 것이다. 반대로, 목적 없이 땅에만 집중한다면 훗날 공허함이라는 감정과 마주하게 될 것이다.

자, 이제 본격적으로 당신이 원하는 삶을 그려볼 차례이다.

지금부터 총 13가지의 질문을 통해 우리가 원하는 일, 원하는 여가, 원하는 인간관계를 함께 고민해 보자. 처음에는 부담 없이 가볍게 읽어볼 것을 권한다.

원하는 여가 (4가지 질문) --------------------------------

첫 번째로 원하는 여가부터 살펴보자.

■ 질문 1 (나만의 휴식법)

당신의 에너지를 충전시켜줄 휴식 방법에는 무엇이 있나요? (나만의 힐링 방법)

사실 인간에게 가장 좋은 휴식은 잠이다. 그래서 매일 평균 7시간의 수면 시간을 확보하는 것이 매우 중요하다. 이를 기본으로 하고, 당신만의 휴식법을 추가적으로 고민해 보면 좋겠다.

많은 사람들이 스마트폰을 보며 휴식을 즐기곤 한다. 하지만 엄밀히 따지면 스마트폰을 보는 것은 휴식이 아니다. 유쾌하고 편안한 콘텐츠를 보면서 스트레스를 해소할 수는 있겠지만, 휴식을 방해하는 요소도 다분한 것이 사실이다. 어디까지나 휴식과 취미는 분리해서 생각하는 게 바람직하다.

내가 추천하는 휴식법은 '지금 이 순간에 집중하기'이다.

식사를 할 때는 식사 그 자체, 샤워를 할 때는 샤워에만 집중해 보자. 가장 좋은 건 그 누구의 방해도 받지 않는 자연 속에 들어가 나의 호흡, 나의 걸음걸이, 또는 주변 나무와 풀들 그 자체에 집중해 보는 것이다. 하지만 이는 매일 하기에는 어려움이 있으니 일상 속에서 지금 이 순간에 집중하기를 꼭 실천해 보자.

우리는 늘 무언가를 동시에 하려고 한다. 이는 생산성 측면에서도, 휴식과 행복감 측면에서도 마이너스가 되는 경우가 많다.

■ 질문 2 (나만의 취미)

돈 걱정 없이 한 달 내내 휴가가 주어진다면, 당신은 무엇을 하며 시간을 보낼 건가요? 무엇을 즐기고 싶나요? 또는 무엇에 도전하고 싶나요?

나에게 딱 맞는 취미 찾는 법, 너무 어렵게 느껴질 수 있다. 사실 이는 '나에게 딱 맞는 음식 찾는 법'이라고 생각하면 쉽다. 나에게 딱 맞는 음식을 찾기 위해서는 어떻게 해야 할까?

첫째, 다양한 음식을 먹어 봐야 한다. 하지만 이런 생각이 들 수도 있다. '세상에 음식이 얼마나 많은데, 그걸 다 먹기엔 시간이 부족하잖아요?' 일리가 있다. 그럼 남들이 좋아하는 음식, 대중적인 음식부터 하나씩 먹어 보자. 그러면서 매일 밤 자신과 대화해 보는 것이다.

'오늘 먹은 음식 중에 뭐가 가장 좋았고 뭐가 싫었지?'

둘째, 자신에게 맞는 음식을 찾기 위해서는 다양한 음식을 경험하는 과정, 그 자체를 즐길 수 있어야 한다. '빨리 나에게 맞는 음식을 찾아야 해!'라는 강박을 내려놓고, 이런저런 음식을 먹으며 '세상에는 참 맛있는 음식이 많구나!' 같은 여유를 가진다면 그 과정 자체를 즐기게 될 것이다.

취미 찾기도 똑같다. 일단 대중적인 취미 활동부터 하나씩 시작해 보자. 다양하게 경험하면서, 그 과정 자체를 즐기면 된다. 그게 전부다. 나도 배드민턴, 테니스, 클라이밍, 풋살, 바느질, 인형 만들기 등의 활동을 즐기며 내게 맞는 취미를 즐겁게 찾아가고 있다.

■ 질문 3 (가보고 싶은 여행지)
가보고 싶은 여행지가 있나요? 그리고 그곳에 가서 무엇을 하고 싶나요? 국내든 해외든 상관없습니다.

■ 질문 4 (가지고 싶은 물건)
현재 꼭 갖고 싶은 물건이 있나요? 차, 집, 옷, 시계, 화장품 등 무엇이든 좋습니다.

'비싸고 많은 물건을 바라는 건 욕심이고 사치야.'라는 생각에서 벗어나도 된다. 솔직하게 모두 작성해 보자. 그리고 시간(일주일, 혹은 한 달)이 지나도 정말 그 물건이 갖고 싶은지, 다시 한 번 점검해 보도록 하자. 이때 그 물건에 대한 욕심이 사라졌다면 지우면 된다. 새로운 게 갖고 싶다면? 또 적으면 된다. 그렇게 그것을 살 수 있는 여력이 생기고 아직도 원한다고 생각될 때 구입해서 경험해 보는 것도 괜찮은 방법이다. 스스로에게 동기부여와 행복을 줄 수 있는 좋은 취미가 될 수 있기 때문이다.

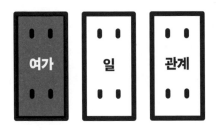

앞의 네 가지 질문에 천천히 답해 보자.

이로써 당신의 원하는 삶 중 3분의 1이 채워졌다. 일과 관계에 대한 나머지 질문에 모두 답하고 나면 놀랍게도 '내가 원하는 삶'이 자연스럽게 그려질 것이다.

사실 자신이 원하는 삶을 고민한다는 것 자체가 대단한 사람이라 생각한다. 많은 사람들이 자신이 진짜 무엇을 원하는지에 대해 무관심하기 때문이다. 그들은 그냥 사회에, 회사에 맞게 살아가며 원하는 삶을 회피한다. 왜일까? 삶에 직접 맞서는 게 두려우니까. 그 선택에 책임지기도 싫으니까.

원하는 일 (7가지 질문) --------------------------------

　다음으로 우리 모두의 관심사인 '원하는 일'에 대해 이야기를 나눠 보자. 자본주의 세상의 사람들 대다수는 인생의 절반을 일을 하며 살아간다. 그런데 자신이 하는 일이 마음에 들지 않거나 고통스럽기까지 하다면? 인생의 절반이 불행해진다. 이것만큼 슬픈 게 또 어디에 있을까?

　'좋아하는 일 vs 잘하는 일'은 의미 없는 논쟁이라고 생각한다. 우리는 '원하는 일'을 해야 한다. 다만 이 원하는 일을 하기 위해서는 돈 되는 일, 당장 할 수 있는 일부터 해야 할 때가 많다. 그런데 누군가는 계속 그 자리에 머무르고, 다른 누군가는 당장 할 수 있는 일을 발판 삼아 결국 원하는 일로 나아간다.

　이 차이는 왜일까? 나는 그 차이가 지금부터 이야기하는 두 가지를 아는 것과 모르는 것에서 온다고 생각한다.

　나는 2018년부터 지금까지, 자신이 원하는 일을 하며 살아가는 사람들을 끊임없이 관찰하고 연구해 왔다.(돈은 많이 버는데 불행한 사람들은 가차 없이 제외했다.) 그들은 어떻게 원하는 일을 찾게 되었을까? 그때 놀라운 사실 하나를 발견하게 된다. 원하는 일을 하는 사람들은 자신의 일에서 이 두 가지를 모두 느끼고 있었다.

　그것은 바로 일의 '흥미'와 '의미'다.

　자신의 일을 사랑하고 즐기는 사람들은 일에서 흥미와 의미를 모두 느끼고 있었다. 그리고 대부분 평균 소득 또한 높았다. 자신의 일에 즐겁게 몰입하니 성과가 자연스럽게 따라오게 된 것이다. 이때 나는 생각했다.

'자신의 흥미와 의미를 발굴할 질문들이 있다면, 사람들이 보다 효과적으로 원하는 일을 찾을 수 있지 않을까?'

그렇게 총 7가지의 질문들이 탄생했다. 의미부터 살펴보자.

일의 의미

인간은 왜 일을 할까? 우리가 일에 부여하는 의미에는 어떤 것들이 있을까? 나는 크게 두 가지라고 생각한다.

1. 돈
2. 공헌감

첫 번째, 돈부터 이야기해 보자. 자본주의 사회에서 살아가기 위해서는 돈이 있어야 한다. 그렇게 돈을 벌기 위해 우리는 일이라는 행위를 하게 된다. 나를 포함해 대부분의 사람들은 돈을 벌기 위해서 일을 한다. 이는 부정할 수 없는 사실이다. 그런데 과연 일을 하는 이유가 오직 돈뿐일까?

두 번째로 이야기할 것은 바로 공헌감이다. 물론 정말 돈만을 위해서 일하는 사람들도 있다. 그들을 존중한다. 하지만 나는 우리 인간이 일을 통해서 돈뿐만 아니라 공헌감이라는 다른 의미도 충분히 느끼는 존재라는 걸 이야기하고 싶다. 공헌감이란 오스트리아의 심리학자 알프레드 아들러가 처음 사용한 개념이다. 이는 '나 자신이 공동체나 사회에 기여하고 있다는 감정'을 뜻한다. 아들러는 이 감정이 인간이 느낄 수 있는 가장 궁극적인 행복이라고 말했다.

그렇다면 왜 인간은 일을 통해서 공헌감을 느끼는 걸까?

착해서? 선한 영향력을 위해서? 아니다. 공헌감의 뿌리는 결국 자기 가치감이다. 쉽게 말해 공헌감이라는 감정은 '나는 가치 있는 사람이야.', '쓸모 있는 사람이야.'라는 자존감과 직결되는 생각에 매우 긍정적인 영향을 준다. 이를 구체적으로 '자기 가치감'이라고 표현하는 것이다.

만약 일의 의미가 정말 돈에만 있다면 이미 평생 쓰고도 남을 돈을 벌어 놓은 부자들이 새로운 사업에 도전하거나, 굳이 일하지 않아도 될 어르신들이 소일거리를 찾지는 않을 것이다.

"몸은 힘들어요. 하지만 손님에게 '고맙습니다.', '잘 먹었습니다.'라는 말을 들을 때 모든 피로가 풀립니다. 저는 정말 행복하게 일하고 있어요."

"저는 이 일을 하며 사람들이 웃는 모습을 보면 정말 큰 희열과 행복을 느껴요."

이들은 '나는 이 일에서 돈을 넘어 다른 의미를 느끼고 있어요.'라며 말하고 있는 것과 같다. 당신은 어디서 가슴 벅찬 의미를 느끼는가? 아래 질문들을 통해 함께 찾아보자.

■ 질문 5 (의미)

가족, 친구, 지인에게 도움을 주고 기뻤던 경험이 있다면 무엇이 있나요?
나아가서 가족, 친구, 지인에게 어떠한 도움을 주고 싶나요?

■ 질문 6 (의미)

당신이 살고 있는 이 사회에 어떠한 도움을 주고 싶나요? 혹은 해결하고
싶은 사회의 문제가 있나요?

■ 질문 7 (의미)

당신이 가지고 있는 결핍은 무엇인가요? (극복하고 싶거나 이미 극복해본 경
험이 있는 약점, 살아오면서 불합리하거나 불편하다고 느껴온 것 등)

1장 마지막에서 언급했듯이 나의 결핍은 성적이었다. 고3, 그리고
재수생 시절 동안 '공부를 못하면 어떠한 꿈도 꿀 수 없는 인생이 된
다.'라는 생각에 갇혀 나 스스로를 많이 괴롭혔다. 그래서 아직도 이
에 대한 분노와 결핍이 존재한다. 그런 일이 있고서 나의 꿈은 '모두
가 자신이 원하는 일을 하는 세상을 만드는 것'이 되었다. 이게 과연
우연일까? 대부분의 사람들은 자신과 비슷한 이들에게 도움을 주는
것에 큰 의미를 느낀다.

예를 들어 큰 질병을 극복한 사람은 자신처럼 고통받는 사람들에게 희망을 전하고자 하는 바람이 매우 크다. 그렇게 자신의 약점과 결핍을 극복한 뒤 비슷한 사람들을 돕는다면 살면서 느껴 보지 못한 정말 큰 의미를 느끼게 될 것이다.

일의 흥미

'나는 축구를 좋아하니까 축구 선수가 되겠어.'
'나는 게임에 흥미가 있으니까 프로 게이머가 될 거야.'
'사람들에게 주목받고 싶어. 나는 아이돌 가수가 될 거야.'

이처럼 자신의 재미와 흥미에 따라 직업을 정하는 것, 학창 시절에 장래 희망을 골랐던 흔한 방법이다. 하지만 성인이 된 우리는 알고 있다. 이런 식으로 직업을 선택했다가는 후회할 확률이 매우 높아진다는 것을. 우리는 누구나 흥미로운 일을 하고 싶어 한다. 하지만 일에서의 흥미를 정확하게 이해하고 있는 사람은 그리 많지 않은 것 같다. 일단, 일에서 느끼는 흥미와 취미 활동에서 느끼는 흥미는 구성 요소가 조금 다르다는 것을 이해해야 한다.

취미에서는 주로 재미, 몰입, 편안함, 성취감 같은 여러 요소를 통해 흥미를 느끼게 된다. 하지만 일은 다르다. 일에서의 흥미는 대부분 성취감에서 온다. 이러한 차이는 도대체 왜 생기는 걸까?

취미는 오직 나 자신에게 초점이 맞춰져 있는 행위이다. 내가 즐거운 것이 주목적이기 때문이다. 예를 들어 게임을 취미로 한다면 하기 싫을 때 언제든 그만둘 수 있다.

그런데 게임이 일이 된다면 하기 싫다고 하지 않을 수 있을까? 그렇지 않다. 팬들에게 실망감을 주지 않기 위해, 얼마 남지 않은 대회에서 우승컵을 차지하기 위해 계속 훈련하고 노력해야 할 것이다. 이처럼 일은 취미와 다르게 타인과 시장에 초점이 맞춰져 있다. 타인과 시장에 상품 가치를 제공하고, 돈이라는 화폐 가치와 교환하는 것이 일의 본질이기 때문이다.

이 내용을 그림으로 정리하면 다음과 같다.

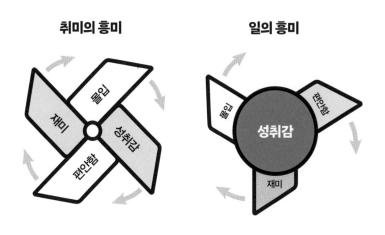

그렇다면 일에서의 이 성취감은 무엇이 결정하는 걸까? 내가 만든 공식이 있다.

성취감 = 자기계발 실력 × 적성

　자기계발 실력이 좋아도 적성에 전혀 맞지 않는 일을 하면 성취감은 0이 된다. 반대로 아무리 적성에 딱 맞는 일이라고 할지라도, 자기계발 실력이 거의 없다면 성취감은 0에 가까워질 것이다.

　자기계발 실력을 키우는 구체적인 방법은 다음 장부터 다룰 예정이니 여기서는 당신의 적성 찾기에 집중해 보자.

■ 질문 8 (흥미)

당신은 무엇을 할 때 가장 즐거운가요? (원하는 여가에 대한 질문 중 취미 항목에 대한 자신의 대답을 참고하면 좋다. 질문 2)

■ 질문 9 (흥미)

남들은 불편해하거나 꺼리는데 당신은 편하게 할 수 있는 것에는 뭐가 있나요? 혹은 주변 사람들에게 진심 어린 칭찬을 받은 경험이 있다면 그 이유는 무엇이었나요?

　나의 적성을 찾는 추가적인 요령이 있다. 지금까지 '멋지다, 한 번쯤은 돼보고 싶다.'라고 느꼈던 직업이 있다면 종이에 쭉 적어 보자. 그리고 그것을 왜 꿈꿨는지, 무엇이 멋져 보였는지도 함께 적는다. 어떤 게 멋있어 보였을까? 어떤 점이 좋아 보였을까?

이때 공통적으로 나오는 키워드가 있다면, 그것이 당신의 적성일 확률이 매우 높은 요소이다. 나는 학창 시절에 스포츠 해설가와 심리 상담사를 꿈꿨다. 그리고 이 두 가지의 공통점은 말을 통해 사람들을 행복하게 해주는 것이었다. 내가 지금 '말하는 일'을 하고 있는 이유이기도 하다.

기억하자. 일에서의 흥미는 재미, 편안함보다 성취감에서 온다.

이걸 깨닫지 못하는 사람은 평생 "이 일도 재미가 없는 걸 보니 나에게 맞지 않은 것 같아. 새로운 꿈을 찾아 떠나야겠어."라는 말만 반복하며 살아갈 우려가 크다.

지금까지 우리는 원하는 일의 두 가지 요소인 흥미와 의미에 대해 살펴보았다. 흥미와 의미가 요리 재료라면, 거기에 돈을 연결시키는 것은 재료를 활용해 요리를 하는 것과 같다. 그렇게 탄생하는 직업이 '나만의 음식'이 되는 것이다.

물론 처음부터 입맛에 딱 맞는(내가 진심으로 원하는) 완벽한 음식을 만들기는 어렵다. 이유는 다양하다. 재료가 부족해서일 수도 있고 재료는 많으나 요리 실력이 숙련되지 못해서일 수도 있다.

하지만 가장 중요한 건 일단 첫 음식을 만들어 보는 데 있다. 그리고 그것을 계속해서 발전시켜 나가야 한다. 원하는 삶은 변하는 것이 아니라 확장된다는 이야기가 여기에도 적용이 된다. 그러니 절대 완벽주의에 빠지지 말자. 어딘가에서 완벽한 음식(원하는 일)이 당신을 기다리고 있을 거라는 환상에 빠지면, 재료를 늘리고 요리 실력을 키울 시간이 점점 줄어들게 된다.

이제 당신이 1차적으로 준비한 재료(흥미와 의미)를 바탕으로 첫 요리를 할 수 있는 두 가지 질문을 소개하겠다.

■ 질문 10

당신만의 의미를 비전으로 삼고 있는 기업이나 사람이 있나요? 혹은 당신이 해결하고자 하는 문제를 해결하고 있는 기업이나 사람, 혹은 직업은 무엇인가요?

■ 질문 11

그중 당신의 적성을 발휘할 수 있는 기업의 직무, 직업은 어떤 것들이 있나요?

만약 위 두 가지 질문에 선뜻 답을 찾기 어렵다면 챗GPT를 활용해 봐도 좋다. 오른쪽은 챗GPT 대화 예인데, 답변 내용이 길어서 질문만 옮겨 왔으니 질문 요령을 참고해 보자.

1) 나는 내가 원하는 일을 찾고 있습니다. 나의 흥미(적성)와 의미에 대해 이야기하면 이를 참고해 진로, 직업 조언을 해주세요. 당신은 직업, 진로와 관련하여 매우 구체적인 조언을 해주는 진로 적성 전문가입니다. 이해했다면 '예'라고만 답해주세요.

2) 나는 사람들의 다이어트를 돕는 데에 의미를 느낍니다. 그 이유는 나도 다이어트 때문에 많은 고민과 고생을 했기 때문입니다. 이와 관련하여 제가 참고할 수 있는 직업, 기업, 사람, 사업 아이템을 추천해 주세요. 단, 대한민국 기준으로 구체적으로 설명해 주고 제가 참고할 수 있게 답변 출처도 링크와 함께 남겨 주세요.

3) 좋습니다. 추가로, 나는 사람들을 직접 만나 소통하고 영업하는 것보다 반복적인 사무 업무가 적성에 맞습니다. 그리고 숫자를 다루는 일에 큰 거부감이 없습니다. 위 답변을 기반으로 구체적인 직무까지 조언해 주세요.

4) 지금까지 답변한 것을 바탕으로 나를 위한 진로 보고서를 작성해 주세요. 지금 당장 무엇을 해야 할지 등도 포함해서 구체적으로 작성해 주세요.

원하는 관계 (2가지 질문) --------------------------------

마지막으로 원하는 인간관계에 대해서 고민해 보자.

상상해 보라. 당신은 지금 원하는 일과 여가를 매일 즐기며 살아가고 있다. 상상만으로 짜릿하고 행복하지 않은가? 그런데 여기에 이 단어가 붙으면 어떻게 될까?

'혼자서'

혼자라는 말은 글자마저 외로워 보인다.

여가를 함께 즐길 사람이, 일을 함께하고 서로 응원해줄 수 있는 사람이 단 한 명도 없다면? 그래도 여전히 행복하고 짜릿할까? 당연히 아닐 것이다. 우리가 원하는 삶은 결국 관계로 완성된다.

하버드 의대에서 1938년부터 무려 80년 이상 진행되고 있는 행복과 건강에 대한 연구에서도, 인간관계가 행복에 가장 큰 영향을 준다는 결론을 내렸다. 원하는 삶을 서로 응원해 주고 함께 즐기는 삶, 나는 이게 진짜 '원하는 삶의 완성'이라고 생각한다.

하지만 역설적으로 자기 자신의 중심이 잡히지 않으면 인간관계 또한 흔들리게 된다. 이 말은 인간관계에 투자하는 시간이 인간관계 만족도와 정비례하지는 않는다는 의미이기도 하다. 우선 나의 기준과 중심이 서야 한다. 그래야 나와 맞는 사람을 알아볼 수 있는 눈이 생긴다. 이를 위해 당신이 원하는 여가와 일부터 명확하게 세워 보자. 내가 인간관계에 대한 질문을 가장 마지막에 배치한 이유도 여기에 있다.

자신의 원하는 삶이 명확한 사람에게는 아래 두 가지 질문이 큰 선물이 되어줄 것이다.

■ 질문 12

당신에게 정말 소중한 사람, 지키고 싶은 사람은 누구인가요?

■ 질문 13

지금까지 대답한 '내가 원하는 삶'을 진심으로 응원해주고 존중해주는 사람은 누구인가요? (서로 응원해줄 수 있는 관계가 가장 좋다.)

원하는 관계의 원칙은 간단하다.

'소중한 사람은 지키고, 서로 응원해줄 수 있는 사람은 늘린다.'

이게 좋은 인간관계의 전부라고 생각한다. 물론 서로 응원하는 관계를 어느 정도로 늘릴지는 개개인의 성향과 가치관에 따라 달라질 테지만 말이다.

관계에 대한 대답이 당장 잘 나오지 않아도 괜찮다. 원하는 여가와 일을 만들어가고 하나씩 실천해나갈 때, 관심사와 결이 비슷한 사람들을 만나게 될 것이다. 그들과 깊은 대화를 나누며 좋은 인간관계를 쌓아 보자. 어느덧 당신은 깨닫게 될 것이다.

'인간관계가 어려운 게 아니라, 내가 나를 어려워한 거였구나. 내가 나에 대해서 알아가면 인간관계는 자연스럽게 풀리는 거였구나.'

지금까지 원하는 여가, 일, 관계에 대해서 살펴보았다. 건강과 돈이 떠받쳐야 할 삶의 핵심 요소 세 가지에 대한 이해를 모두 마친 것이다. 그런데 일상에서 이 13가지 질문들을 어떻게 활용해야 할까?

조금만 더 원하는 삶 이야기를 이어가보자.

원하는 삶을 만드는 13가지 질문 실천법

나는 늘 이렇게 생각한다.

결국 가장 중요한 건 자신이 무엇을 원하는지 아는 것이다. 무엇을 원하는지 아는 순간, 그때부터는 그것을 얻을 수 있는 방법만 고민하고 실행하면 되기 때문이다.

하지만 대개의 자기계발 책이나 강의에서는 우리가 원하는 삶을 고민하게 하지 않고, 남들을 닮아가는 방법만 이야기한다.

"하고 싶은 일을 하세요. 인생 짧습니다."

"가슴 뛰는 일을 하세요. 그러면 일이 아닌 놀이가 됩니다."

"당신만의 꿈을 꾸고 당신만의 길을 가세요."

자기계발에 푹 빠져 지내던 스무 살 무렵에 나는 이 같은 메시지들이 참 답답했고 화가 나기도 했다.

'아니, 그러니까 그걸 어떻게 하냐고? 구체적인 방법을 알려줘야지. 내가 하고 싶은 일은 또 어떻게 찾아야 하는데……'

이때의 문제의식은 자기계발 코치가 되고 나서야 깨달을 수 있었다. 처음부터 가슴이 뛰는 일은 거의 없다. 가슴을 뛰게 만드는 실력만이 있을 뿐이었다.

물론 약간의 가슴 떨림, 하고 싶다는 마음이 이는 때가 있다. 나는 이것을 '꿈의 신호'라고 부른다. 누구든 어떤 분야나 대상에서 '하고 싶다', '멋지다'라는 신호를 받게 되는 것이다. 처음부터 미친 듯이 '가슴이 뛰어야' 그게 내 꿈이 되는 것은 아니다. 처음에는 단지 흥미와 의미가 어느 정도 느껴질 뿐이다. 그 마음을 서서히 키워 나가야 한다. 가슴을 뛰게 '만들어야' 하는 것이다.

우리 스스로를 좀 더 돌아보자.

원하는 삶을 얻으려면 결국 내가 어떤 일, 어떤 여가, 어떤 인간관계를 원하는지 알아봐야 한다. 이것이 앞에서 소개한 원하는 삶을 만드는 13가지 질문이었다. 여기에 대한 답이 명확할 때 삶의 목적과 의미도 더욱 선명해질 것이다.

13가지 질문들을 현명하게 활용하기 위해서는 딱 2단계만 이해하면 된다. 1단계는 몰입, 2단계는 그것의 일상화다.

1단계 — 13가지 질문에 몰입 --------------------------------

일단 2~3시간 정도의 여유 시간을 확보하자. 차분한 주말이나 쉬는 날을 활용하면 좋다. 그리고 몰입을 방해할 수 있는 스마트폰이나 디지털 기기들은 최대한 보이지 않는 곳에 두자. 자기 자신과 깊은 대화를 나누기 위한 기본 매너이다.

이제 13가지 질문들에 대한 대답을 '원하는 여가'부터 순서대로 차분하게 작성해 보자. 절대 급하게 하지 말고 천천히 적어야 한다. 잘 생각이 나지 않으면 잠시 산책하거나 멍을 때려도 좋다. 이 시간만큼은 완전히 몰입해서 스스로에게 묻고 대답해 보자.

여기까지가 1단계다. 1단계는 13가지 질문들에 몰입해서 대답하는 2~3시간 정도면 완수할 수 있다. 그러면 이제 무엇을 해야 할까? 이 질문들을 어떻게 '일상화'시킬 것인지 고민해 보아야 한다.

매일 스스로에게 질문해야 할까? 아니면 일주일에 한 번만?

그 요령을 지금부터 설명하겠다.

원하는 여가 (매일~주 1회)

여가 부분은 매일 하루를 마무리하기 전, 스스로에게 가볍게 질문하고 대답해 보면 좋다.

오늘 새롭게 했던 직간접적인 경험 중 내가 꾸준히 해보거나 도전하고 싶었던 게 있었나?

새롭게 가보고 싶은 곳이 있었나?

새롭게 가지고 싶었던 게 있었나?

오늘 특히 나를 편안하게 했던 경험이 있었나?

여가 관련 질문들을 통해 매일 밤 자신과 대화한다면, 그날 하루를 기분 좋고 차분하게 마무리할 수도 있다. 만약 매일이 반복되는 일상이라 특별한 경험이 없는 경우라면 1주일에 한 번씩이라도 꼭 스스로에게 질문해 보자

원하는 일 (목표 달성 시)

원하는 일은 오히려 너무 자주 질문하는 게 좋지 않을 수 있다.

일의 초점은 내가 아니라 타인과 사회에 맞춰져 있다고 앞에서 말했다. 그렇기에 필연적으로 힘든 부분이 있을 수밖에 없다. 하지만 그때마다 '이게 정말 내가 원하는 일인가?'라고 묻는다면? 너무 힘든 나머지 '이건 내가 원하는 게 아니다.'라고 대답할 확률이 매우 높아

진다. 그런 이유로 내가 추천하는 방식은 이렇다.

1단계 몰입을 통해 자신만의 1차적인 진로 방향을 잡았다면 단기 목표를 하나 세워 보기 바란다. 그리고 그것을 달성하기 전까지는 '이 일이 내가 원하는 것인가?'라는 질문보다 '이 목표를 달성하기 위해 어떻게 해야 하는가?'라는 질문만 반복적으로 떠올려 보자.

그렇게 1차 목표를 달성했다면, 그때 한 번씩 질문들을 통해 점검하면 된다. 자신이 이 일에서 여전히 흥미와 의미를 느끼고 있는지 말이다. 다양한 경험을 통해 추가적인 재료(흥미와 의미)가 생겼는지 파악해 보는 것도 좋다.

처음부터 흥미와 의미를 만족시킬 수 있는 일을 한다면 얼마나 좋겠는가. 하지만 이는 쉽지 않다. 그래서 우리에게 필요한 건 우선순위이다. 우선순위를 기반으로 자신만의 경로를 설정해야 한다.

예를 들어, 흥미와 의미를 모두 충족시킬 수 있는 일을 준비하면서 당장의 돈(생계)을 위해 다른 일을 병행하는 식이다. 만약에 아직 흥미, 의미에 대한 답이 명확하지 않다면 일단 할 수 있는 일을 하면서 돈을 버는 경로 선택도 가능하다. 단, 계속해서 흥미, 의미를 찾기 위해 노력은 해야 한다.

나도 예전에 자기계발 코치라는 원하는 일을 준비하며 생계를 위해 다른 일을 병행하던 시기가 있었다. 몇 년간 라멘집에서 서빙을 하고 면을 삶았다. 그렇게 준비하며 기다렸다.

원하는 인간관계 (월~반기 1회)

관계는 사람마다 다르겠지만, 1~6개월에 한 번씩 질문에 대답해 보는 것을 추천한다. 깊고 좁은 인간관계를 추구하는 분들은 6개월 ~1년에 한 번도 괜찮다. 그렇게 인간관계 질문에 답해본 날에는 종이에 적힌 사람들에게 감사 인사와 함께 작은 선물을 하나씩 보내 보자. 행복한 인간관계를 유지하는 최고의 방법이라고 확신한다.

이렇게 13가지 질문들을 활용한다면 당신이 원하는 삶은 죽을 때까지 확장될 것이다. 이로써 우리는 원하는 삶과 닮아가는 과정(자기계발)에서 무엇과 닮아갈지를 알게 되었다.

이제 닮아갈 일만 남았다.

삶의 모든 문제를 해결하는 단 하나의 습관

나는 정말 궁금했다.

왜 똑같은 학교와 학원을 다녀도 누구는 공부를 잘하고 누구는 공부를 못할까? 왜 똑같은 세상을 살아가도 누구는 성공하고 누구는 실패할까? 오랜 고민 끝에 나만의 결론을 내리게 되었다. 바로 '선택'의 차이이다.

우리는 매 순간 선택을 하며 살아간다.

아침에 몇 시에 일어날지, 점심에 무엇을 먹을지 같은 사소한 선택부터 어떤 회사에 취업할지, 어떤 주식을 살지, 누구와 결혼할지와 같은 상대적으로 중요한 선택까지 삶은 매 순간의 선택으로 이루어져 있다. 그리고 놀랍게도 이러한 선택들이 누적되어 우리의 삶이 결정

된다. 우리가 매일 어떤 음식을 선택하는지에 따라 우리 몸의 상태가 결정되는 것처럼 말이다.

인생을 잘 살아가기 위해서는 선택, 다른 말로 의사결정을 잘해야 한다. 그렇다면 우리의 의사결정력은 어떻게 높일 수 있을까? 참고로 이 의사결정력은 절대 단기간에 높아지지 않는다. 하루하루가 쌓여 천천히 개선될 뿐이다.

의사결정력을 높이는 최고의 방법은 사실 이 책을 지금까지 집중해서 읽었다면 이미 알고 있어야 한다. 무엇일까? 잠시 멈춰 1장의 내용을 떠올려 보자. 1장에서 배운 두 가지를 조합하면 최고의 의사결정력 훈련이 만들어진다.(당신의 생각이 맞길 바란다.)

바로 자기계발의 필수 마인드셋 5가지와 관조 글쓰기이다.

자기계발 필수 마인드셋은 원하는 삶을 살아가기 위해 꼭 필요한 5가지 마인드였다. 그리고 관조 글쓰기는 'what(현재 생각이나 감정) – why(원인 분석) – how(심리적 혹은 실천적 해결책)' 구조로 생각을 정리하는 문제해결 방법론이었다. 이 두 가지를 어떻게 합친다는 말일까?

바로 관조 글쓰기의 how 부분에 자기계발 필수 마인드셋 5가지를 적용하는 것이다. 사실 what과 why는 있는 그대로 작성하면 되기에 비교적 수월하다. 하지만 how는 정답이 없기에 어려울 수 있다. 그래서 이 how, 즉 자신만의 의사결정을 할 때 5가지 마인드셋을 참고하여 답을 구해볼 것을 추천한다. 특히 부정적이고 우울한 감정이 들 때 이 5가지 마인드셋을 꼭 떠올리자. 당신의 how 퀄리티를 최소 3배 이상 높여줄 것이다.

이렇게 해서 좋은 선택들이 일상에 쌓인다면 당신의 삶 또한 이전보다 나아질 수밖에 없다. 삶이란 선택의 결과물이기 때문이다.

그럼 관조 글쓰기와 마인드셋이 어떻게 조합되는지를 보자.

- what : 사는 게 막막하다.
- why : 잘하는 것도 없고 내가 뭘 좋아하는지도 모르겠다.
- how : **(승자의 마인드셋, 행운 마인드셋)**

    일단 지금 어찌할 수 있는 것부터 생각해 보자. 내가 현재 할 수 있는 것은 대외활동을 통해 다양한 경험하기, 13가지 질문을 활용해 나 자신과 대화해 보기다. 이게 반복되어야 내가 뭘 좋아하는지 알 수 있다. 당장에 참여할 수 있는 대외활동부터 쭉 적어 보자. 그리고 오늘 딱 하나만 신청해 두고 자자.

어떤가? 이전까지는 '모르겠고 그냥 게임이나 하자.'라는 의사결정을 내렸다면, 위 예시처럼 5가지 마인드셋을 참고하면 훨씬 더 나은 의사결정을 기대할 수 있다.

나는 이러한 방식을 '심화 관조 글쓰기'라고 부른다. 관조 글쓰기의 how 부분에 자기계발 필수 마인드셋을 추가함으로써 더욱 심화된 관조 글쓰기가 가능해지기 때문이다.

당신도 하루에 두 번씩은 관조 글쓰기를 실천해 보기 바란다. 그리고 만약 부정적인 감정이 올라온다면 꼭 심화 관조 글쓰기를 시도해 보자. 거의 모든 문제에서 해결의 실마리가 보일 것이고, 당신의 삶은 훨씬 빠른 속도로 개선되기 시작할 것이다.

앞으로 꽃길만 걸을 수는 없다. 평범한 길, 오르막길, 가시밭길을 모두 만나게 될 것이다. 하지만 심화 관조 글쓰기를 습관으로 잘 만들어 놓으면, 그 어떤 길도 당신을 주저앉힐 수 없을 것이다.

심화 관조 글쓰기

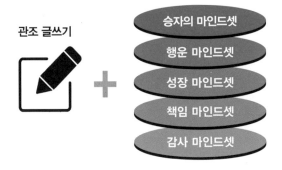

행복한 삶의 2가지 조건

행복한 삶이란 도대체 무엇일까?

20대 초반에 내 머릿속을 가득 채웠던 질문이다. 버스에서 창밖을 바라보면서도 '저 사람은 행복할까?', '저 사람이 행복해지기 위해 나는 뭘 도울 수 있을까?' 같은 상상을 했다. '사람들을 행복하게 해주는 삶을 살자.'라는 꿈을 꾸며 한창 자기계발에 몰두하던 때였다.

그때부터 매슬로우의 욕구 5단계 이론, 이를 보완해 존재 욕구와 관계 욕구, 성장 욕구로 재정립한 앨더퍼의 ERG 이론, 그리고 고대 그리스 철학자들의 행복론 등을 공부하며 '행복이란 무엇인가?'를 고민해 왔다.

사람들에게 인생의 목적이 무엇이냐고 물으면 대개 '행복'이라고 말한다. 그런데 이상하다. 그들에게 이렇게 물으면 대부분 대답하지 못한다.

"그러면 행복이란 구체적으로 무엇인가요?"

나는 행복을 너무 철학적인 것, 두루뭉술한 것, 그냥 이상적인 것으로 남겨 두기 싫었다. 내 안에서만이라도 매우 구체적으로 답을 내려 보고 싶었다.

지금부터 내가 생각하는 행복한 삶의 2가지 조건을 이야기하려고 한다. 내 생각을 참고해 당신도 당신만의 행복을 정의해 봤으면 좋겠다. 지금부터 함께 재밌는 고민을 시작해 보자.

일단 나는 이렇게 생각한다. 행복을 제대로 이해하기 위해서는 쾌락과 행복을 어느 정도 구분할 수 있어야 한다고. 파도에 비유하자면 쾌락은 쓰나미와 같고, 행복은 잔잔하게 치는 작은 파도와 같다. 쾌락이 행복의 전부라고 생각한다면 결국 쓰나미에 휩쓸리고 말 것이다.

그런데 쾌락이란 도대체 어떠한 행동을 말하는 걸까? 오직 쾌락만을 위한 행동은 대개 다음 3가지 경우에 해당한다.

1) 인간의 기본 욕구인 생존과 번식에 직결되어 있다.

　: 식욕, 성욕 등

2) 중독성이 강해 스스로 통제하기 어렵다.

　: 도박, 게임, 술담배, SNS 등

3) 단기간에 엄청난 쾌락을 주지만, 금방 우울해지거나 무뎌진다.

불법적이거나 누군가에게 피해를 주는 게 아니라면 쾌락도 어느 정도 즐기는 게 필요하다. 하지만 그것이 통제가 불가능해지는 순간 우리의 삶은 피폐해지기 시작한다.

여기까지가 쾌락에 대한 간략한 이해다. 이렇게 쾌락을 먼저 정의해 두어야 행복에 대해서도 올바른 이해가 가능하다고 생각한다.

쾌락이든 행복이든 이 둘은 감정과 생각에서 비롯된다는 공통점이 있다. 그렇다면 쾌락이 아닌 행복은, 어떠한 감정과 생각에서 오는 것일까? 먼저 당신의 생각을 들어보고 싶다. 당신은 언제 행복할 것 같은가?

'더도 말고 딱 100억만 있으면?'

'내 명의의 번듯한 건물이 한 채 있으면?'

'유튜브 구독자가 30만 명이 넘으면?'

'지금의 회사를 그만두고 내 회사를 창업하면?'

행복에 대해 이렇게 생각하고 있다면, 안타깝게도 당신은 결코 행복한 삶을 살 수 없을 것이다. 당신이 생각하는 목표(결과)가 달성되는 순간, 그 상황은 또다시 디폴트(기본값)가 될 것이고 더 나은 무언가를 원하게 될 것이기 때문이다.

인간은 무서울 정도로 적응을 잘하는 동물이다. 행복은 결과나 목표가 아니라 무조건 '과정'에 있어야 한다. 행복도 결국 쾌락과 같이 순간순간의 감정과 생각에서 피어나기 때문이다.

그렇다면 우리는 어떠한 감정과 생각을 가져야 과정이 행복해질 수 있을까? 나는 딱 두 가지라고 생각한다.

1) 미래에 대한 기대감
2) 과거와 현재에 대한 감사함

이 두 가지가 동시에 느껴질 때 진정으로 행복한 삶이 시작되는 것이다. 하나씩 살펴보자.

1) 미래에 대한 기대감

행복한 삶의 첫 번째 조건은 미래에 대한 기대감이다.

나의 앞날에 기대감을 느끼기 위해서는 '내가 원하는 삶'이 명확해야 한다. 남들이 원하는 삶을 목표로 하고 있다면, 예를 들어 법조인이 되기를 바라는 부모님의 바람을 내 꿈으로 여기는 삶이라면? 미래에 대한 기대감이 아니라 부담과 스트레스가 주를 이룰 것이고 심지어 분노로 치달을 수도 있다.

반면에 자신이 진정으로 원하는 것을 목표로 하고 있다면 그때부터는 '기대감'이 생겨난다.

내가 정말 인상 깊게 읽은 책 중에《빅터 프랭클의 죽음의 수용소에서》(Man's search for meaning)가 있다. 정신의학자인 저자의 나치 강제수용소 체험을 바탕으로 삶의 의미, 인간 존엄성에 대한 성찰을 담은 자전 에세이다.

이 책에서 저자는 인간이 미래에 대한 기대와 희망을 품으면 얼마나 단단해지는지에 대해 이야기한다. 살아갈 이유가 있는 사람은 결코 삶을 포기하지 않는다. 그리고 그 이유가 '기대감'이라는 감정을 불러일으킨다면 그 어떤 상황에 처하더라도 행복과 의미를 찾을 수 있다며, 다음과 같은 니체의 말을 인용한다.

'왜 살아야 하는지 아는 사람은 그 어떤 상황도 견딜 수 있다.'

이렇듯 행복한 삶의 밑바탕에는 앞날에 대한 희망, 기대가 놓여 있어야 한다. 다시 말해 당신의 미래가 기대되고, 지금보다 더 나아지며 성장할 거라는 자기 확신이 있다면 행복한 삶의 절반쯤은 채웠다고 볼 수 있다.

물론 기대감만이 전부일 수는 없다. 미래가 기대되는 것과 함께 우리에게는 또 하나의 마음가짐이 필요하다.

2) 과거와 현재에 대한 감사함

정말 가슴 아픈 기억을 가지고 살아가는 사람들이 있다. 누군가는 이를 트라우마라고 하고, 콤플렉스나 결핍으로 이해하려는 사람도 있다. 내가 심리 전문가는 아니지만, 한 가지 확신하는 것이 있다. 트라우마나 콤플렉스는 '때문에'가 '덕분에'로 바뀌는 순간 상당 부분 해소될 수 있다.

예를 들어 몸무게로 놀림을 받아 거식증에 걸린 한 소녀가 있다. 이 소녀는 계속해서 '예전 기억 때문에 나는 살이 쪄서는 안 돼.', '그 기억 때문에 나는 불행해.'라는 생각을 무의식적으로 되풀이하고 있을 것이다. 어떻게 하면 이 소녀는 거식증을 극복할 수 있을까?

나는 이렇게 생각한다. '과거 기억 덕분에 나는 꾸준하게 관리하는 건강한 삶을 살고 있어.'라는 문장이 마음속에 들어왔을 때.

나 또한 예전에 마른 몸이 매우 콤플렉스였다. 이른바 멸치 그 자체였으며 그 때문에 많은 스트레스를 받았다. 하지만 지금은 마른 몸 '덕분에' 꾸준히 근력 운동을 할 수 있는 동기가 생긴다. 당연히 스트레스도 받지 않는다. 조금씩 몸을 만들어 나가면 점점 더 멋져질 일만 남았기 때문이다. 마른 몸 덕분에 말이다.

나를 힘들게 하는 기억들을 한번 되돌아보자. 무심코 그 기억 '때문에'라고만 받아들여 왔다면 오늘부터 서서히 '덕분에'라는 말로 바꾸는 연습을 해보자. 단, 말만 바꾸지 말고 행동까지 바꿔 보자. 그 과거 덕분에 당신이 현재 하고 있는 행동은 무엇인가? 그 행동이 주는 이점은 무엇인가?

현재에 대한 감사함을 느끼기 위해서는 과거에 대한 감사함부터 느낄 수 있어야 한다. 내가 과거를 먼저 언급한 이유이다. 그렇다면 현재에 대한 감사함은 어떻게 느낄 수 있을까?

1장의 감사 마인드셋에서 설명했듯이 당연하다고 느껴지는 것들에 '정말 당연한가?'라는 질문을 던져 보는 게 가장 좋은 방법이다.

감사함의 반대말은 당연함이다. 당연한 것이 많아질수록 감사함이라는 마음은 사라지게 된다.

잠시 책 읽기를 멈추고 딱 한 가지만 떠올려보자.

지금 가장 감사한 것은 무엇인가?

나는 당신에게 진심으로 감사하다.

여기까지 행복한 삶을 위한 2가지 감정에 대해 살펴보았다.

이 2가지 감정은 동시에 충족되어야 한다. 과거와 현재에 대한 감사함 없이, 미래에 대한 기대감만 가지고 살아간다면 쉽게 지치게 될 것이다. 반대로, 기대감 없이 감사함만 가지고 살아간다면 어느 순간 공허함과 무기력감을 느끼게 될 수도 있다. 행복한 삶을 위해서는 기대감과 감사함, 이 2가지가 어우러져야 한다.

마지막으로 한 가지 질문을 남기고 이번 글을 마무리하겠다.

당신이 생각하는 행복이란 무엇인가? 딱 5분 동안만 이 책의 여백에 적어 보자.

돈 많이 버는 법, 의외로 간단한 해답

돈을 많이 벌기 위해서는 딱 두 가지 능력이 필요하다.

1) 줄 수 있는 가치
2) 마케팅 능력

이 두 가지만 키우면 당신의 수입은 계속 증가할 것이다.

줄 수 있는 가치란 말 그대로 '실력'을 말한다. 의사가 줄 수 있는 가치는 의술일 것이다.(환자에게 줄 수 있는 가치) 식당 알바생이라면 친절한 서비스와 빠른 일처리일 것이다.(가게 사장님, 그리고 손님에게 줄 수 있는 가치) 기업체 직원이라면 해당 부서에서 맡은 업무를 잘해내는 것이 줄 수 있는 가치이다.(회사, 동료 및 고객에게)

그리고 줄 수 있는 가치는 사람들이 무엇을 원하는지와 맞닿아 있다. 따라서 뭔가의 가치를 팔고자 한다면 사람들이 무엇을 원하는지를 아는 게 특히 중요하다.

이렇게 자신의 분야에서 전문성(줄 수 있는 가치)을 키웠다면 여기에 마케팅 능력이 붙으면서 수입은 폭발한다.

여기서 말하는 마케팅이란 단순히 광고가 아니다. 내가 생각하는 마케팅의 정의는 아래와 같다.

'가치를 인지시키는 모든 행위'

가치를 인지시킨다는 것은 쉽게 말해 사람들에게 잘 알린다는 의미다. 깊은 인상을 남긴다면 더더욱 효과적이다.

아름다운 여성을 유혹하는 행위 또한 마케팅이다. 남자로서의 자신의 가치를 인지시키는 행위이기 때문이다. 자신의 상품을 고객에게 잘 알리는 것 또한 마케팅이고, 회사에서 유능함을 인정받아 승진하는 것도 마케팅 실력이다. 아무리 일을 잘하더라도(줄 수 있는 가치) 그걸 아무도 몰라준다면 당신의 연봉은 오르지 않을 것이다.

줄 수 있는 가치와 마케팅, 이 두 가지를 꼭 기억하자. 어떤 일을 하든 이 두 가지가 상승할 때 우리의 수익도 함께 늘어난다.

돈벌이에 대한 짧은 칼럼이지만 이 글은 꼭 세 번 이상 읽어 보기를 권한다. 돈과 사업에 대한 많은 통찰이 담겨 있다.

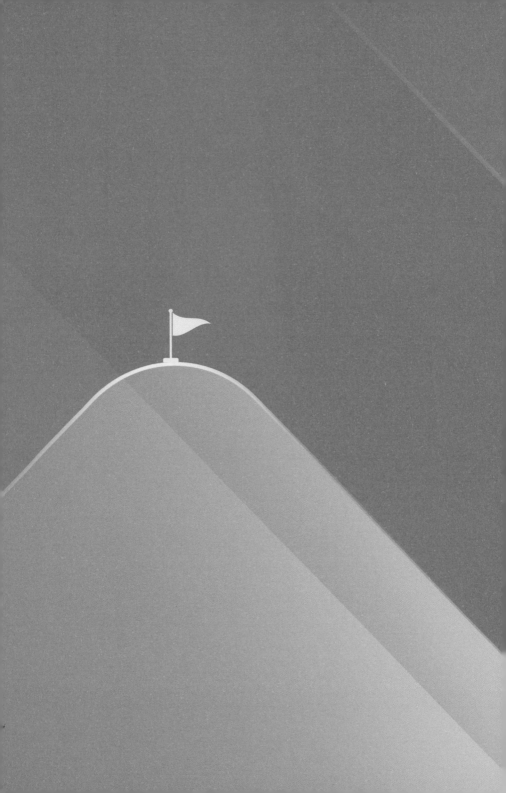

Chapter 3

결국 이루어지는
목표의 법칙

목적이 목표를 이끄는 삶

나는 이해하기 어려웠다.

성공한 사람들이 미디어에 나와 "돈을 많이 벌어도 행복하지 않은 것 같아요.", "제가 원하는 걸 이뤘을 때 엄청난 공허함과 우울감이 찾아왔어요."라고 말하는 것을.

처음에는 이러한 말들이 대중의 시기와 질투를 피하기 위한 교묘한 전략 중에 하나가 아닐까 하고 생각했다. 하지만 자기계발을 연구하면서 다양한 사람들을 만나다 보니 이 말이 진실일 수도 있겠다는 생각이 들기 시작했다.

일단 2장에서 다룬 삶의 5가지 요소를 바탕으로 큰 틀에서 생각해 보자. 그들은 돈이라는 땅은 충분히 다졌지만, 그 위에 세울 건물(원하는 일, 여가, 인간관계)이 부실했기 때문이라고 이해해볼 수 있다. 여기에 더해 나는 조금 더 구체적으로 들어가 '목표'라는 것을 기반으로 이유를 분석해 보고자 한다.

왜 누군가는 목표를 이뤘을 때 행복을 그대로 만끽하고, 다른 누군가는 공허함과 우울감을 느끼는 걸까? 단순히 본성과 가치관의 차이일까? 나는 두 가지 이유가 있다고 생각한다.

첫 번째는 내가 아닌 남들이 원하는 목표를 이뤘기 때문이다.

누군가에게 증명하기 위해 그 목표에 매진했거나, 타인의 욕망을 내 욕망이라고 착각한 경우가 여기에 해당한다. 특히 요즘은 SNS로 인해 간접 경험이 너무나도 쉬워졌다. 터치 한 번이면 모든 것을 알아볼 수 있고 경험할 수 있는 시대이다.

하지만 이는 적지 않은 부작용을 초래한다. 바로, 타인의 욕망을 나의 욕망이라고 착각하게 되는 부작용이다. 친구가 인스타그램에 발리 여행 사진을 올리면 갑자기 나도 발리에 가고 싶어진다. 대학교 동창이 본인의 입사 선물로 샤넬 백을 사면 나도 그걸 사야만 할 것 같은 마음이 올라온다. 뉴스에서 최근 많은 사람들이 의대 진학을 목표로 한다고 하면 나의 꿈도 의사가 된다.

이처럼 우리는 타인의 목표를 참고하여 나의 목표를 설정하기가 너무 수월한 시대에 살아가고 있다. 그렇다면 도대체 어떻게 진짜 나의 욕망과 타인의 욕망을 구분할 수 있을까?

다양한 방법이 있겠지만, 내가 추천하는 것은 다음과 같다.

'목표를 달성한 순간에 즉시 떠오르는 생각과 감정이 무엇일지 상상해 보기'

목표를 달성하는 순간에 오만 가지 생각과 감정이 올라올 것이다. 그러나 그 생각들 대부분에 내가 아닌 타인이 중심에 있다면 그 목표는 내가 진짜 원하는 게 아닐 가능성이 크다고 생각한다.

쉽게 말해 목표를 달성해낸 나 자신이 자랑스럽고 행복한 마음보다, '거봐, 내가 해냈잖아. 이제 됐어? 이제 나를 인정해줄 거야?'라는 마음이 지배적이라면 나의 목표가 아닐 수 있다는 것이다. '행복감보다는 증명감이 지배적이다.'라고 표현하면 적절할 것 같다.

물론 보여주기와 증명도 좋은 동기부여 요소가 되어 준다. 그리고 이 또한 짜릿한 행복감이라고 할 수도 있다. 하지만 나의 우려는 이러한 생각이 지배적일 때를 의미한다. 당신의 목표는 누구를 위한 것인가? 당신 스스로를 위한 목표인가? 아니면 그냥 누군가에게 보여주고 증명하기 위한 목표인가? 만약 후자라면 다 이루고도 공허함을 피할 수 없을 것이다.

사람들이 목표를 달성했을 때 공허함을 느끼는 이유 두 번째는, 과정이 아닌 결과에만 집중했기 때문이다.

내가 좋아하는 노래 가사가 하나 있다.

'사실 뭐 꿈을 이루는 것보다 꿈을 좇는 순간이 제일 행복했던 것 같아서 바로 또 꿈을 몇 개는 더 꿔버렸어.'(하루가 달리 ─ 호미들)

이 가사처럼 우리는 목표를 이룰 때만큼이나 목표를 향해 달려갈 때 큰 행복감을 느낀다. 마치 기다리고 기다리던 수학여행을 2주 앞 둔 중학생의 마음처럼 말이다. 수학여행을 가서도 물론 행복하겠지 만, 수학여행에서 어떤 장기 자랑을 할지, 어떻게 친구들과 놀지 계획 하고 준비하는 것도 매우 큰 행복감을 가져다준다. 이는 도파민이라 는 행복 호르몬과 관련이 있다. 도파민은 결과를 달성했을 때뿐만 아 니라 그 결과를 기대할 때도 방출된다.

결과도 중요하지만, 이처럼 과정 자체를 즐기는 마음가짐도 꼭 챙 길 필요가 있다. 그렇다면 어떻게 해야 이러한 마음가짐을 가질 수 있을까?

바로 목표를 세우기 전에 '내가 원하는 삶'을 고민해 보는 것이다. 목적 없는 목표는 과정을 즐길 수도, 목표 이후에 또 다른 목표를 세 울 수도 없다. 반면에 목적이 있는 목표는 그 과정이 수월하게 진행 된다. 그리고 이 목적은, 결국 자신이 원하는 삶에서 나온다.

내가 목표를 설명하기 전에 원하는 삶에 대해 먼저 다룬 이유가 여 기에 있다. 우리는 1장에서 자기계발은 현재 삶에서 원하는 삶으로 확장되는 과정이라는 점을 그림으로 이해했는데(17쪽), 사실 목표는 목적을 향해 살아가는 내내 부단히 생겼다가 사라진다.

이제 아래의 그림이 더욱 마음에 와닿을 것이다.

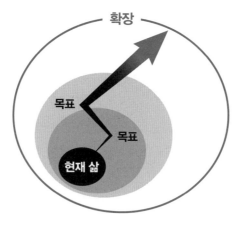

원하는 삶으로 가는 길은 한 방향으로 나 있지 않다. 처음부터 목적지를 향해 곧장 살아가는 사람은 없기 때문이다. 내가 원하는 삶을 알아가며 이런저런 목표가 앞에 놓인다.

만약 당신이 경찰 공무원을 꿈꾸고 있다고 가정해 보자.

당신은 노량진에서 2년간 열심히 공부해서 마침내 경찰직에 합격하게 되었다. 이때 경찰 공무원을 준비하던 2년이라는 시간은 잃어버린 게 되는 걸까? 당연히 아닐 것이다. 그 과정도 당신이 원하는 삶의 소중한 일부가 된다.

그렇게 경찰이 되어 다양한 경험을 하다 보면 또 다른 목표가 생길 수 있다. 어느 날 갑자기 돈가스 식당을 차리고 싶어질지는 누구도 모를 일이다. 여차여차해서 돈가스집을 차렸다고 하자. 그렇다고 해서 경찰로 일했던 시기가 원하지도 않았던, 후회스럽다거나 허무한 삶이 되는 것 또한 아니다.

노량진에서 경찰을 준비했던 시기도, 경찰로 활동했던 시기도, 식당을 차린 지금도 모두 원하는 삶의 일부라는 사실을 이해해야 한다. 원하는 삶이 변한 게 아니라 다양한 경험이 쌓여 확장된 것이다.

목적이 추구하는 것이라면 목표는 지금 바로 성취하는 것이다. 아직 그 끝이 어디인지를 모를 뿐, 당신은 분명 원하는 삶을 향해 살아가고 있다.

지금까지 목표에 대해 철학적, 본질적으로 접근해 보았다.

이제부터는 목표와 계획을 어떻게 세우고 실천해야 하는지에 대해 기술적으로 접근해볼 것이다.

다음 항목으로 넘어가기 전에, 다시 한 번 〈자기계발의 지도〉를 눈에 잘 담아두자.(다음 페이지) 우리는 자기계발 기초를 다진 후에 실전의 첫 단계, 목표를 배우고 있다. 실전 삼각형의 세 가지 요소만 잘 배우더라도 당신은 그 누구보다 빠르게 성장할 것이다.

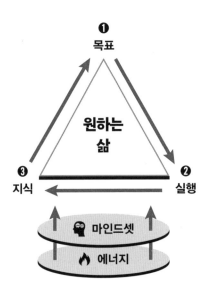

목표는 어떻게 세워야 할까?

자기계발하는 사람들 사이에서 끊임없이 논쟁하는 주제가 하나 있다. 바로 '목표를 크게 세워야 하는가, 아니면 작게 세워야 하는가?'라는 문제이다. 각자가 주장하는 근거는 이렇다.

목표를 크게 세워야 한다는 파

1) 목표가 커야 실패했을 때 이룬 성과도 크게 남는다.

2) 목표를 크게 잡아야 본인 잠재력을 최대치로 끌어올릴 수 있다.

목표를 작게 세워야 한다는 파

1) 목표는 작고 현실적으로 세워야 달성이 가능하다.

2) 목표를 작게 세워야 성취감을 쌓을 수 있다.

당신의 생각은 어떠한가? 목표를 크게 세우는 게 좋을까, 작게 세우는 게 좋을까? 나는 지금부터 이 논쟁을 완전히 끝내려 한다. 만약 누가 당신에게 이런 질문을 한다면 이 책의 지금 페이지를 펼쳐서 보여 주면 된다.

결론부터 이야기하자면 여기에 정답은 없다. 작게 잡아야 할 사람이 있고, 크게 잡아야 할 사람이 있을 뿐이다.

그렇다면 궁금할 것이다. 나는 도대체 목표를 어떻게 잡아야 하는 사람인지 말이다. 이를 구분하기 위해서는 1장에서 배웠던 승자의 마인드셋을 다시 꺼낼 필요가 있다. 목표를 크게 세우기 위해서는 승자의 마인드셋이 충분히 갖춰져 있어야 한다. 더 구체적으로는 성취감이 일정 수준 쌓여 있어야 한다.

"코치님. 그러면 내게 성취감이 쌓였는지, 쌓이지 않았는지는 어떻게 알 수 있나요?"

너무 좋은 질문이다. 자신에게 성취감이 충분히 쌓여 있는지를 판단하는 가장 좋은 방법은 실패했을 때의 자기 자신의 반응을 살펴보는 것이다.

만약 실패를 분석하고 다시 시도할 계획을 세운다면 성취감이 어느 정도 쌓였다고 볼 수 있다. 물론 누구나 실패하면 잠깐은 낙담할 수 있다. 이런 감정을 느끼지 않는다면 그 목표에 진심이 아니었거나 로봇일 것이다. 하지만 성취감이 쌓인 사람은 그 마음을 딛고 일어나 실패를 분석한다. 왜 실패했는지를 파악하여 다시 시도할 생각을 하는 것이다. 반대로 무기력이 학습된 사람은 실패를 하자마자 이렇게 반응한다.

'거봐, 이럴 줄 알았어. 그냥 포기하자.'

당신은 실패에 어떻게 반응하는 사람인가?

만약 전자라면 목표를 크게 세워도 좋다. 목표를 크게 세워 당신의 잠재력을 마음껏 펼치길 바란다. 하지만 후자라면, 일단 목표를 작게 세워 성취감을 쌓는 것에 집중해 보자.

마지막으로, 큰 목표를 세울 때 주의사항이 하나 있다.

당신은 바람과 목표의 차이를 알고 있는가? 많은 사람들이 자신의 바람을 적어 놓고 그것을 목표라고 착각한다. 바람과 목표의 차이는 간단하다.

• 바람

- 돈을 많이 벌고 싶다.

- 이번 여름에는 살을 꼭 좀 빼고 싶다.

• 목표

- 올해 A 프로젝트를 잘 완수해서 연봉을 20% 이상 올려야겠다.

- 2달간 매일 1,800칼로리 미만으로 먹으며 주 3회 이상은 헬스장에 가야겠다.

이 둘의 차이가 느껴지는가?

새해가 되면 대부분의 사람들이 바람을 정한다. 올해는 무엇을 '했으면 좋겠다', '하고 싶다' 같은 것들을 다이어리에 적는다. 그렇게 자신은 목표를 세웠다고 착각한다.

바람과 목표의 차이는 '구체적인 계획' 여부에 달려 있다. 가급적 최대한 구체적으로 계획을 세워야 목표를 달성할 수 있게 된다.

또한 그 목표를 위해 무언가를 포기할 수도 있어야 한다. 바람의 마음 상태는 무언가를 얻고는 싶으나, 그걸 위해 다른 것을 포기할 마음의 준비는 되지 않은 상태라고 할 수 있다.(방금 책임 마인드셋이 떠올랐다면 100점이다.)

지금까지 목표의 크기, 그리고 바람과 목표의 차이에 대한 이야기를 나눠 보았다. 이어서 목표와 계획을 실패 없이 세우기 위해 꼭 알아야 할 세 가지 개념에 대해 살펴볼 것이다. 계획대로 되지 않는 인생, 그렇다고 무계획이 정답일까?

계획하는 것도 실력이다

권투 선수이자 영화배우인 마이크 타이슨의 명언이 있다.

"누구나 그럴싸한 계획을 가지고 있다. 처맞기 전까지는."

나는 이 말에 백 번 공감한다. 목표를 이루기 위한 계획을 세우고 한 번이라도 실행에 옮겨본 사람이라면, 누구나 공감할 수밖에 없을 거라고 생각한다. 우리는 일을 하든 여행을 가든 일상 속에서 크고 작은 계획을 세우게 된다. 하지만 막상 부딪혀 보면 모든 것이 계획대로 되는 않는다는 사실을 깨닫곤 한다.

그렇다면 우리는 어떻게 해야 할까?

영화 〈기생충〉에서 송강호 배우의 "가장 완벽한 계획이 뭔지 알아? 무계획이야."라는 대사처럼 계획을 세우지 않고 살아가야 할까?

당신의 생각은 어떤가?

나는 이렇게 생각한다. 계획대로 안 된다고 계획을 포기해 버릴 게 아니라, 계획 실력을 높이기 위해 노력해야 한다고.

우리는 계획 실력, 즉 '계획력'을 높이기 위해서 노력해야 한다. 그리고 계획력을 높이려면 아래의 세 가지 개념에 대한 이해가 꼭 필요하다. 하나씩 살펴보자.

1) 핑계와 한계의 구분
2) 탑다운 계획과 보텀업 계획
3) 시스템성 목표와 이벤트성 목표

핑계와 한계의 구분 -----------------------------------

1장에서 배운 행운 마인드셋에 대해 기억하는가?

계획 또한 우리가 어찌할 수 있는 부분이 큰 계획이 있고, 반대로 어찌할 수 없는 부분이 지배적인 계획이 있다. 우리가 평소 자기계발을 위해 세우는 계획은 대부분 전자에 해당한다. 예를 들어 7시에 일어나서 책 30분 읽기, 저녁 먹고 헬스장 가기 같은 계획이다.

하지만 이러한 계획들도 잘 지켜지지 않는 경우가 많다. 도대체 이유가 무엇일까? 누가 그 계획을 방해하는 것도 아닌데 말이다. 아마 당신은 의지, 실행력 같은 단어를 떠올리고 있을 것이다.

의지와 실행력에 대한 이야기는 4장에서 다루게 되니까, 여기서는 핑계와 한계의 구분부터 알아보자.

만약 당신이 '퇴근 후 30분 독서하기'라는 계획을 세웠다고 가정하자. 오후 6시에 정시 퇴근하여 7시에 집에 도착한다. 식사를 마치고 취침 시간까지 약 3시간 정도 남은 상황이다. 여유가 있으니 잠시 소파에 기대어 스마트폰을 꺼내 든다. 유튜브에 들어가 재밌는 쇼츠를 보기 시작한다. 그러다 문득 시계를 보니 벌써 11시가 다 되었다. 저녁에 독서하기로 했던 계획이 떠올랐지만, 10초 정도 고민하다 '내일 하지 뭐.'라고 생각하며 잠자리에 든다.

자, 지금 이 상황은 핑계인가, 한계인가?

쉽게 말해 '퇴근 후 30분 독서하기'라는 계획이 지켜지지 않는 이유가, 정말 어쩔 수 없는 상황이 벌어졌다거나 본인에게 과도한 계획이었기 때문일까? 맞다면 한계, 아니라면 핑계라고 생각하면 된다.

만약 한계였다면 원인을 파악하여 계획을 조정하는 것이 필요하다. 조금 더 계획의 크기를 줄이거나 시간대를 옮겨보는 것이다.

이런 경우에는 절대 낙담하거나 자신에게 실망하지 않았으면 좋겠다. 그보다는 '계획력이 증가했군. 오히려 좋아.'라고 생각하자. 원래처음에는 누구나 자신의 한계를 잘 모르고 계획을 세우는 경향이 있다. 한계를 느끼고 계획을 조정하는 것은 오히려 칭찬할 만한 행동이다. 직접 부딪혀 봤다는 증거이기 때문이다.

하지만 단순 핑계였다면 이야기는 달라진다. 도대체 무엇이 문제였는지 고민해 보고 반성할 필요가 있다.

우리가 지키지 못한 계획에 핑계를 대는 이유는 다양하다. 기초 체력(에너지, 마인드셋)이 부족해서일 수도 있고, 계획이 구체적이지 않아서일 수도 있다. 그렇기에 핑계에 대한 해결책도 제각각 다르다. 일단 이 책을 끝까지 읽어 〈자기계발의 지도〉 전체를 습득한 후에, 스스로 보기에 핑계 상황이 오면 지도를 펼쳐 놓고 점검해 보기 바란다. 답이 보일 것이다.

핑계든 한계든 이러한 과정을 거치며 계획력은 길러진다. 그러니 계획을 하지 않을 게 아니라, 계획을 잘할 생각을 하자.

탑다운 계획과 보텀업 계획 ------------------------

소프트뱅크의 손정의 회장은 19세에 인생 50년 계획을 세운 것으로 알려져 있다. 누군가는 '역시 다르다.', '멋지다.'라고 하겠지만, 나는 처음에 이 말을 듣고 고개를 갸웃거렸다. 이유는 하나였다. 인생은 불확실성의 연속이라 지켜지지 않을 게 뻔한데, 왜 굳이 50년짜리 계획을 세웠는지 이해가 되지 않았기 때문이다. 물론 지금은 이해한다. 50년짜리 계획은 손정의 회장에게 하나의 흔들리지 않는 북극성이 되어주었을 것이다.

많은 자기계발서에서 계획 세우는 법을 이렇게 안내하곤 한다.

'5년 목표를 세우세요. 이제 그것을 5분의 1씩 잘라 1년 목표를 세우세요. 그것을 다시 열두 달로 나누면 한 달 계획, 그리고 한 달을 30등분하면 오늘 할 일이 나옵니다. 그렇게 매일 할 일을 꾸준히 실천하면 뭐든 이룰 수 있습니다.'

나는 이런 식으로 설명하는 저자들에게 '정말 당신은 그렇게 계획을 세우고 있습니까?'라며 물어보고 싶다. 이는 계획을 세우는 여러 방법 중 하나에 불과하며, 꽤 높은 수준의 자기계발 실력을 필요로 하는 방식이다. 그리고 상황과 운도 따라줘야 한다.

그렇다면 우리는 도대체 어떻게 계획을 세워야 할까? 그 이야기를 시작해 보자.

계획력을 높이기 위해 꼭 이해해야 할 개념 두 번째는 '탑다운 계획'과 '보텀업 계획'이다. 이 두 가지 계획 방식은 계획의 순서와 범위에 차이가 있다.

탑다운 방식은 평균 1년 정도의 장기 목표를 세워놓고, 그것을 6개월/ 1달/ 1주/ 1일로 나눠 계획하는 방식이다. 흔히 안내되는 방식이기도 하다.

반대로 보텀업 방식이란 대략 1~3달 정도의 목표를 기반으로 1달/ 1주/ 1일 계획을 먼저 하고, 실행을 통해 하나씩 이루며 목표와 계획 범위를 서서히 확장해 나가는 방식이다. 목표는 최대 3개월까지 세워 놓고 더 먼 미래는 '바람' 정도만 작성해 놓는다.(이전 항목에서 바람과 목표의 차이에 대해서 배웠다.)

그림으로 표현하면 다음과 같다.

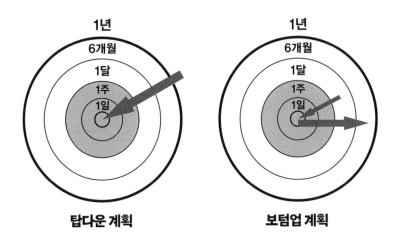

탑다운 계획   보텀업 계획

그렇다면 내게 맞는 방식은 어떻게 찾을 수 있을까?

각 계획 방식의 특징을 살펴보면 된다. 탑다운 계획은 주로 목표하는 과정에 변수가 적고, 목표를 이루기 위한 모든 과정이 명확할 때 추천하는 방식이다. 예를 들면 공무원 시험 준비가 있다. 합격하기 위한 커리큘럼이 상대적으로 명확하게 정해져 있어 내가 어떻게 실행하느냐가 관건이라고 할 수 있다.

보텀업 계획은 그 반대이다. 목표로 가는 과정에 변수가 많고 명확한 정답이 없는 경우에 적합하다. 예를 들면 사업이 있다. 사업은 언제 어떤 변수가 터질지 모른다. 3년 뒤에 책을 출간하기로 계획을 해놓아도, 갑자기 출판사에서 제안이 오면 바로 출간하게 될 수도 있다. 그리고 시장 상황에 따라 아이템을 교체해야 할 수도 있을 것이다.

특히 나의 목표가 평소 익숙하지 않은 분야라면 경험이 쌓일수록 계획은 계속 바뀌게 될 것이다. 목표를 이루기 위한 더 좋은 방법을 차츰 알아가게 되기 때문이다.

당신은 어떤가? 당신에게는 어떤 계획 방식이 더 잘 맞는다고 생각하는가? 잘 판단이 안 된다면 일단 보텀업 방식으로 계획해볼 것을 권한다. 이는 승자의 마인드셋에서 다룬 통제감과도 관련이 있다. 보텀업 방식으로 시작하여 통제감이 어느 정도 쌓이면 그때부터 서서히 계획 범위를 넓혀 가도 괜찮다. 그 와중에 당신의 계획력은 쑥쑥 길러지게 될 것이다.

시스템성 목표와 이벤트성 목표 ------------------

계획력을 높이기 위해 꼭 알아야 할 마지막 개념은 시스템성 목표와 이벤트성 목표이다.

시스템성 목표는 목표 달성 후 다시 동일한 데드라인이 설정되는 경우를 말한다. 그리고 이벤트성 목표는 목표 달성 후 더 이상 반복되지 않는 경우를 말한다. 쉽게 설명하면 다음과 같다.

'6개월 뒤 바디프로필 촬영하기'는 이벤트성 목표이다. 그리고 이를 위해 '매일 운동하기'는 시스템성 목표이다. 만약 6개월 뒤 바디프로필 촬영이 끝나고, 다시 바디프로필 촬영 계획을 세운다면 이는 시스템성 목표가 된다. 이 사람은 바디프로필을 찍는 것이 하나의 루틴이기 때문이다. 하지만 그 한 번으로 완전히 종료된다면 이벤트성 목표라고 할 수 있다.

방금 언급한 것처럼 시스템성 목표는 루틴과 같은 개념이다. 데드라인의 간격이 하루든 일주일이든 한 달이든 상관없다. 달성 후 또다시 데드라인이 주어진다면 시스템성 목표라고 할 수 있다.

이렇게 목표의 종류를 구분하고 나면, 이어지는 항목에서 배울 (목표 파트에서 가장 중요한) '컨트롤 타워'라는 개념을 훨씬 수월하게 이해할 수 있다.

나만의 컨트롤 타워 생성하기

앞에서 목표에 관해 배운 내용들을 떠올려 보자. 계획력, 탑다운 방식과 보텀업 방식, 그리고 시스템성 목표와 이벤트성 목표까지 몇 가지를 배웠는데, 이제부터가 진짜 게임이라고 할 수 있다. 이 모든 것들은 사실, 이 컨트롤 타워를 설명하기 위한 재료들에 불과했기 때문이다. 지금부터는 정말 집중해 보자. 이 컨트롤 타워만 잘 이해해도 당신의 목표 달성률은 최소 3배 이상 높아질 것이다.

우리는 왜 목표와 계획을 세워놓고 지키지 못하는 걸까?

왜 우리는 이토록 한없이 게을러지는 걸까?

정답은 간단하다. 바로 당신 스스로를 통제하지 못하기 때문이다. 이는 나를 통제하는 컨트롤 타워가 없다는 말과도 같다. 컨트롤 타워가 없기에 그때그때 기분에 따라 하고 싶으면 하고, 하기 싫으면 하지 않는 게 대다수의 모습이다.

그렇다면 이 컨트롤 타워란 도대체 무엇일까?

컨트롤 타워, 말 그대로 통제탑이다. 나를 통제해 주는 또 하나의 나를 세운다고 이해하면 쉽다. 승자의 마인드셋에서 배운 통제와 자유의 상관관계를 기억하는가? 타인이 나를 통제하면 그건 억압이지만, 내가 나를 통제하면 자유가 된다. 내가 나를 통제하지 못하는 삶만큼 불행하고 불안한 삶은 없다. 컨트롤 타워를 한 번 만들어 놓고 나면, 이는 당신의 든든한 코치가 되어줄 것이다. 지금부터 함께 컨트롤 타워를 만들어 보자.

컨트롤 타워 (1페이지) -

컨트롤 타워는 크게 두 페이지로 나뉜다. 이해하기 편하게 1페이지와 2페이지라고 하겠다.

1페이지는 당신의 바람과 장기 목표를 적어놓는 페이지를 말한다. 한 번 만들어 놓으면 매일 볼 필요는 없는 페이지다. 목표를 점검하거나 변경할 때, 혹은 목표로 하는 기간이 지나 새로운 목표를 세울 때 펼쳐 보면 된다.

그에 비해 2페이지는 당신과 매일을 함께할 것이다. 여기에는 1달, 1주, 하루 단위의 단기 목표가 담겨 있기 때문이다. 당신만의 플래너이자 다이어리라고 생각하면 된다.

일단 1페이지부터 만들어 보자. 1페이지는 방금 이야기했듯이 바람과 장기 목표를 작성하는 페이지이다. 여기서 말하는 바람이란 '이때는 ～하고 싶다' 정도의 생각이고, 장기 목표란 3개월 이상의 목표를 말한다.(사람에 따라 3개월 목표도 단기로 볼 수 있겠지만, 컨트롤 타워에서는 3개월을 기준으로 단기와 장기를 구분한다.)

1페이지를 작성하기 위해서는 자신이 탑다운 계획을 선택할지, 보텀업 계획을 선택할지 결정해야 한다. 탑다운 방식이라면 1페이지에 1년, 6개월, 3개월 목표가 들어가고, 보텀업 방식이라면 길어야 3개월 목표가 작성될 것이기 때문이다. 이전 항목에서 설명한 탑다운과 보텀업 방식의 차이를 다시 한 번 떠올리며 자신만의 계획 방식을 결정해 보자.

탑다운 계획	보텀업 계획
• 과정에 변수가 적은 목표 • 목표까지의 과정이 명확하게 정해져 있는 경우	• 과정에 변수가 많은 목표 • 목표까지의 과정이 유동적이고 불확실한 경우

계획 방식을 정했다면 빈 종이를 꺼내 당신의 장기 목표를 작성해 보자.(내 계획에 따라 1년~3개월) 다 적었다면 이제부터 목표 쪼개기 작업에 들어갈 것이다. 그렇게 쪼개진 목표들은 당신의 단기 목표가 되어 줄 것이다. 1년 목표라면 6개월, 3개월 그리고 1달 목표까지, 3개월 목표라면 1달 목표까지 쪼개 보자.

물론 목표를 쪼개는 데도 손쉬운 요령이 있다.

나열과 분류

목표를 쪼개는 가장 좋은 방법은 '나열'과 '분류'이다.

예를 들어 '1년 안에 공무원 합격하기'라는 목표를 세웠다면 그 목표를 이루기 위해 필요한 모든 것들을 나열해 본다. 브레인스토밍을 하듯이 떠오르는 모든 것을 적으면 된다.

어느 정도 나왔다면 이제 '분류' 작업을 하면 된다. 분류에는 기준이 필요하다. 분류 기준은 개인의 상황, 목표에 따라 모두 다르므로 스스로 고민해서 세워야 한다. 예컨대 'A 회사에 취업하기'라는 목표를 달성하기 위해 필요한 것들을 모두 나열해 보았다면 자격증은 자격증끼리, 서류는 서류끼리 분류하는 식이다.

우선순위 정하는 법

나열과 분류 작업을 마쳤다면 이제는 우선순위를 정해야 한다.

우선순위를 정하는 이유는 간단하다. 우리 인간의 뇌는 너무 많은 일들을 동시에 추진하는 것을 힘들어하기 때문이다. 그리고 우선순위가 정해져야만 6개월, 3개월, 1개월 단위로 목표를 쪼개는 것도 가능해진다.

우선순위를 현명하게 정하기 위해서는 두 가지만 기억하면 된다.

도미노와 계단.

도미노를 떠올려 보자. 첫 블록만 넘기면 나머지 블록들은 힘을 들이지 않아도 모두 넘어간다. 이처럼 어떠한 것을 먼저 처리했을 때 나머지에 도움이 될 수 있는지를 생각하면 된다.

예를 들어 강연가가 되고 싶다면 일단 책부터 쓰는 것이 훨씬 유리할 것이다. 그래서 첫 번째로 쓰러뜨릴 도미노는 책 쓰기가 되는 이치다. 그렇다면 책을 쓰기 위해서는 무엇을 먼저 해야 할까? 주제와 목차부터 정해야 할 것이다. 그래야 나머지 책 쓰기 활동에 도움이 되기 때문이다. 이처럼 도미노를 떠올리면 무엇을 우선순위에 두어야 할지 알게 된다.

추가로, 우선순위를 정하기 위해 계단을 떠올리는 것도 도움이 된다. 첫 계단의 턱은 상대적으로 낮다. 그래서 첫 번째 계단을 밟았을 때 두 번째 계단 또한 어렵지 않게 밟아 나갈 수 있다. 이처럼 난이도가 상대적으로 낮은 목표부터 우선순위를 세워도 좋다. 여기에는 또 하나의 이유가 있다. 무엇인지 감이 잡히는가?

승자의 마인드셋의 성취감이 떠올랐다면 이 책을 완벽하게 이해하고 있다는 증거이니 기쁘게 생각해도 좋다.

도미노와 계단, 이 두 가지를 통해 우선순위까지 세웠다면 이제는 목표 쪼개기가 수월하게 진행될 것이다. 다시 한 번 정리해 보자.

당신의 장기 목표는 무엇인가?

그것을 이루기 위해서는 어떠한 일부터 해야 하는가?

1년 목표든 3개월 목표든 '나열 → 분류 → 우선순위 설정' 과정을 거친다면 누구나 손쉽게 목표를 쪼갤 수 있다.

다만 한 가지 유의할 게 있는데, 나는 주로 3가지 목표를 넘기지 않는 것을 추천한다. 1년 목표든 6개월 목표든 1달 목표든, 3가지가 넘어가면 집중과 몰입이 어려워지기 때문이다. 물론 익숙하고 손쉬운 목표라면 3개 이상을 추구해도 괜찮다. 하지만 그렇지 않다면 목표는 무조건 3개 이하로 줄여볼 것을 권한다.

모든 것을 얻으려고 하면 모든 것을 놓치게 된다. 나중에 시간이 흘러 당신의 에너지 탱크와 목표 그릇, 그리고 시간 관리 능력이 향상되면 그에 맞게 목표 개수를 늘릴 수 있을 것이다. 하지만 처음에는 일단 3개 이하의 목표를 세워 그것에만 집중해 보자.

이렇게 해서 컨트롤 타워 1페이지를 완성했다면 이제는 마지막 2페이지를 만들어볼 차례이다.

컨트롤 타워 (2페이지) --------------------------------

　2페이지는 탑다운 방식이든 보텀업 방식이든 관계없이 동일하게 작성하면 된다. 왜냐하면 2페이지는 1달, 1주, 하루 목표로만 구성할 것이기 때문이다. 지금부터 2페이지를 만들어 보자. 거의 다 왔다.

　1페이지가 장기 계획(1년~3개월)으로 구성되었다면 2페이지는 아래처럼 총 여섯 가지 블록으로 구성되어 있다.

　2페이지의 최상단, 즉 1블록은 내 가슴을 뛰게 하는 문구나 사진을 두는 공간이다. 자신의 꿈을 적어도 좋고 다짐이나 좌우명을 적어도

1블록　[가슴을 뛰게 하는 문구나 사진]

　　　　동기부여 명언, 좌우명, 나의 꿈, 비전 보드 등

2블록　[오늘의 날짜]

3블록　[이번 주 중요 일정]

　　　　주로 미팅, 회식 같은 타인이 함께하는 약속

4블록　[오늘 하루 계획]

　　　　AM

　　　　PM

5블록　[1주 목표와 계획]

6블록　[1달 목표와 계획]

된다. 혹은 롤 모델이나 당신이 원하는 삶을 표현하는 사진을 배치할 수도 있다. 목적은 오직 하나다. 컨트롤 타워 2페이지를 열 때마다 당신이 원하는 삶과 현재 집중하고 있는 목표가 머릿속에 3초 만에 그려질 수 있어야 한다. 이 목표를 달성할 수만 있다면 어떤 수단을 동원해도 좋다.

이렇게 2페이지 1블록을 채웠다면 바로 아래의 2블록에는 오늘의 날짜를 적는다. 여기는 밤이 되었든 아침이 되었든 하루 계획을 새롭게 세울 때 날짜를 바꿔 주면 된다.

날짜 아래의 3블록에는 이번 주의 중요 일정을 작성해 놓는다. 나 자신과의 약속은 하단에 작성하니까 여기에는 미팅, 회식처럼 타인과 함께하는 약속을 적어 두면 좋다. 이게 익숙해지면 약속을 깜빡하고 잊는 일은 더 이상 없을 것이다. 따라서 당신의 사회적 신용과 평판에도 좋은 영향을 줄 것이다. 그러니 중요 일정이나 약속은 3블록에 요일 순서대로 꼭 정리하자.

이렇게 1, 2, 3블록을 채웠다. 이제 컨트롤 타워의 하이라이트, 4, 5, 6블록이 남았다. 나는 4블록을 '식탁', 그리고 5, 6블록을 '냉장고'라고 표현할 것이다. 우리가 식사할 때의 모습을 떠올려 보자. 음식은 어디에 있는가? 주로 냉장고에 보관되어 있다. 그렇다면 식사는 어떻게 하는가? 냉장고에서 음식을 꺼내 식탁에 올려놓고 먹는다. 여기까지 이해했다면 4, 5, 6블록에 대한 기본 이해는 끝이다.

4블록은 하루를 오전과 오후로 나눠 계획하는 공간이다. 5블록은

1주 목표와 계획, 마지막 6블록은 1달 목표와 계획으로 구성된다.

4블록을 채우기 위해서는 5블록과 6블록이 먼저 채워져야 한다. 냉장고에 꺼낼 음식이 있어야 식탁에서 식사도 할 수 있기 때문이다. 이번에는 거꾸로 6블록부터 채워 보자.

6블록은 컨트롤 타워 1페이지를 참고해야 한다. 1페이지 3개월 목표란을 바탕으로 1달 목표를 세워야 하기 때문이다. 3개월 목표를 3등분하면 1개월 목표가 된다. 그렇게 목표를 쪼개어 1달 목표로 가져와 보자. 1달 목표가 나왔다면 아래처럼 6블록을 채우면 된다.

· 10월 목표 ·

1. 자기계발 독서 모임 개최

목표를 적었으니 이제 그걸 이루기 위한 계획을 작성해야 한다.

여기서 나오는 게 앞에서 배웠던 시스템성 목표와 이벤트성 목표이다. 위의 목표를 이루기 위해 다시 다양한 작은 목표, 즉 계획들이 세워질 것이다.(나열과 분류) 이렇게 나열 및 분류가 된 작은 목표들은 크게 두 가지로 나뉜다. 매주 해야 하는 시스템성(루틴) 목표와 단기적으로 끝내는 이벤트성 목표. 이를 다음처럼 위의 '10월 목표' 아래에 작성하면 된다.

· 시스템성 목표 ·

1) 화요일, 금요일마다 모임 홍보를 위한 SNS 콘텐츠 발행하기

· 이벤트성 목표 ·

1) 독서 모임 타임 테이블 기획하기 (첫째 주)

2) 모집 시작하기 (둘째 주)

3) 모집 마감 후 인원 선정 (셋째 주)

4) 독서 모임 진행 (넷째 주)

이처럼 시스템성 목표와 이벤트성 목표를 나눴다면 6블록이 완성된다. 이제 5블록으로 넘어가 보자. 5블록은 1주 목표와 계획을 세우는 자리이다. 일단 이번 주가 첫째 주라고 가정할 때 6블록에 적힌 첫째 주 목표를 가져오면 된다.

· 10월 첫째 주 목표 ·

1. 독서 모임 타임 테이블 기획하기

다음으로, 이 목표를 이루기 위해 필요한 것들을 나열, 분류한 뒤 이벤트성 목표와 시스템성 목표로 나누면 된다.

· 시스템성 목표 ·

1) 매일 30분씩 기획 시간 갖기

2) 매일 1명에게 모임 기획에 대한 피드백 받기

(기초 체력을 위해 매일 해야 하는 30분 운동, 관조 글쓰기, 디지털 디톡스 등도 여기에 배치하면 된다.)

• 이벤트성 목표 •

1) A 독서 모임 참가해보고 좋았던 점, 아쉬웠던 점, 내 모임에 적용할 점 정리해 보기 (수요일)

2) 모임 기획 최종 완료하고 기획서 PDF 파일로 뽑기 (금요일)

이렇게 하면 냉장고를 모두 완성하게 된다. 꺼내 먹을 음식(목표와 계획)들이 채워진 것이다! 이제 식탁이라고 표현한 마지막 4블록을 채울 차례이다.

4블록은 하루 계획을 작성하는 공간이고 오전과 오후로 나누어진다. 하루 계획을 세울 때 5블록에 적힌 1주 계획을 참고하여 오늘 할 일을 작성한다. 매일 해야 하는 시스템성 목표와 오늘 해야 하는 이벤트성 목표를 올리면 된다. 즉 냉장고(1주 계획)에서 음식(오늘 할 일)을 식탁(하루 목표)으로 꺼내 처리하는 방식으로 이해하면 된다.

4블록 작성과 관련해 사람들이 자주 하는 질문이 있는데, 그중 대표적인 두 가지만 살펴보자.

1. 시간까지 계획해야 하나요? 아니면 할 일만 정리하면 되나요?"

이는 하루 일과의 규칙성, 그리고 본인 성향에 따라 유연하게 세우면 된다. 당신의 하루 일과가 규칙적인 편이라면 그날 해야 하는 미션과 시간을 미리 정하는 게 좋다.(구체성이 올라가면 실행할 확률도 높아진다.) 하지만 그 반대라면 시간보다는 일단 해야 할 일만 적어 놓고 유연하게 처리하는 것이다.

혹은 당신의 성향이 계획적인 편이라면 시간까지 미리 정하는 게 좋고, 즉흥적이라면 미션만 적어 놓는다. 이를 흔히 MBTI 성격 유형의 P 성향, J 성향으로 나누곤 하는데, 그렇게 이해해도 큰 무리는 없다. 단 "나는 P 성향이라 계획을 잘 안 세워."라는 핑계는 대지 말자. P는 핑계의 약자가 아니다.

2. 하루 계획은 주로 언제 세우는 게 좋나요?

나는 하루를 마무리할 때 다음 날의 계획을 미리 세워놓는 편이다. 그래야 바로 하루를 시작할 수 있기 때문이다. 물론 이것도 당신의 성향에 따라 편한 대로 하면 된다. 하루를 시작하면서 계획 세우는 것을 선호한다면 그렇게 해도 좋다.

컨트롤 타워의 1페이지와 2페이지를 안내한 대로 완성했다면 나머지는 당신의 성향과 스타일대로 커스터마이징해볼 것을 권한다.

지금까지 컨트롤 타워에 대해 모두 살펴보았다. 행여 아직까지 감이 잡히지 않는다면, 실제 컨트롤 타워 작성 예를 참고해 보자.

오른쪽 그림은 노션으로 작성한 나의 컨트롤 타워 2페이지에 해당하는 부분이다. 1블록에는 "모두가 원하는 일을 할 수 있도록"이라는 내 오랜 꿈이 적혀 있다. 여기에 나의 롤 모델인 토니 로빈스, 세계 최고의 자기계발·라이프 코치의 사진을 둘 때도 있다.

당신도 나를 다잡아줄 한 문장, 혹은 자신만의 롤 모델을 찾아보자. 그것을 컨트롤 타워 2페이지 맨 위에 두고서 당신이 원하는 삶을 앞당기는 자극으로 삼는 것이다.

컨트롤 타워와 함께라면 목표 달성에서 더 이상 두려울 게 없어진다. 그 어떤 목표를 세우든 그것은 당신에게 시간문제일 뿐이다. 다음 항목으로 넘어가기 전에, 당신만의 컨트롤 타워를 직접 만들어 보자. 간단하게라도 좋으니 꼭 1페이지와 2페이지를 완성시켜 보자.

완벽은 잦은 완성 뒤에 따라오는 결과에 불과하다.

컨트롤 타워 2페이지 (예시)

1 가슴을 뛰게 하는 문구나 사진

"모두가 원하는 일을 할 수 있도록"

2 오늘의 날짜

2024년 10월 1일 화요일

3 이번 주 중요 일정

- ☐ **수:** 오후 5시 사당역 10번 출구 앞 스타벅스 강의 미팅 (홍길동님)
- ☐ **목:** 오후 9시 자기계발 라이브
- ☐ **금:** 오후 7시 집 앞 맥주집 철수, 짱구, 훈이 약속

4 오늘 하루 계획

AM

- ☑ 스트레칭
- ☑ 오전 산책
- ☑ 관조 글쓰기

-독서: '퍼스널 MBA' 50p~100p
:: -글쓰기: 책 읽은 부분 요약하고 직접 설명해 보기

-프로젝트 발표 자료 목차 만들고 PPT 템플릿 선정하기

PM

- ☐ (오후 산책)

-오후 2시: 회의
-오후 5시: 거래처 통화

-유튜브 영상 기획하고 대본 작성하기
-헬스장가서 하체 운동
::
- ☐ 부동산 공부
- ☐ 스트레칭
- ☐ 관조 글쓰기

완벽한 시간 관리를 위한 2가지 노하우

돈과 시간, 당신의 인생에서는 무엇이 더 중요한가?

물론 사람이나 상황에 따라 달라지겠지만, 나는 무조건 '시간'이라고 대답하고 싶다. 이유는 간단하다. 돈은 다시 벌면 되지만 시간은 벌 수 없기 때문이다. 내가 이 책을 쓰고 있는 시간 그리고 당신이 이 책을 읽고 있는 시간, 우리의 시간은 지금도 계속해서 지나고 있다. 더욱 비관적으로 말하자면 우리는 끊임없이 죽음과 가까워지고 있다. 이런 말을 들어본 적 있는가?

'무언가의 소중함을 깨닫기 위해서는 그것이 갑자기 사라졌다고 생각해 보면 된다.'

사랑하는 가족, 친구, 돈, 건강, 현재 살고 있는 집, 직장……. 갑자기 사라진다면 삶에 정말 큰 충격을 주게 될 것들이다. 자, 그렇다면 우리의 삶에서 시간이 사라진다면 어떻게 될까? 누군가가 당신의 모든 시간을 빼앗아 갔다고 생각해 보라. 당신의 삶에는 어떠한 변화가 생길까? 5초만 고민해 보자.

아마 깨달았을 것이다. 시간이 사라지면 우리의 삶 전체가 사라진다는 것을. 삶은 모두 시간으로 이루어져 있다. 그 시간을 활용하여 일도 하고 밥도 먹고 잠도 자는 것이다. 시간이 사라지면 삶도 함께 사라진다. 그래서 시간 관리는 곧 인생 관리다. 당신은 이렇게 매일 주어지는 시간(인생)을 어떻게 관리하고 있는가?

나는 지금까지 자기계발 고민해결 라이브 방송을 적어도 50회 이상 진행해 왔다. 그때마다 매번 들어오는 단골 질문들이 있다.

'게으름 극복' 그리고 '시간 관리'

가면 갈수록 사람들이 시간 관리를 어려워하는 것 같다. 나는 처음에는 잘 이해되지 않았다. 왜냐하면 세상은 사람들의 시간을 아껴주고 편리하게 해주는 쪽으로 끊임없이 발전하고 있기 때문이다.

예전에는 택시를 타려면 차가 많이 다니는 큰 도로로 나가야만 했다. 하지만 지금은 핸드폰 터치 몇 번이면 택시가 집 앞까지 찾아오는 시대이다. 이뿐만 아니라 기술의 발전 덕분에 우리는 많은 것들을 누릴 수 있게 되었다. 그런데 도대체 왜, 우리들은 더 정신없이 살아가고 있는 것일까? 왜 '시간이 없어서'라는 말을 입에 달고 다니게 된 것일까? 정말 예전 사람들보다 더 많은 일을 하고 있어서일까? 여기에 대한 대답 또한 사람마다 다를 것이다. 다만 한 가지 분명한 것은 우리에게는 시간을 관리하는 능력이 꼭 필요하다는 점이다.

시간 관리를 통해 얻을 수 있는 가장 큰 이득은 바로 자유이다. 시간 관리를 익히게 되면 생산성이 높아진다. 쉽게 말해 같은 시간에 더 많은 일을 해내는 것이다. 그러면 결국 더 많은 자유 시간을 얻게 될 것이다. 그 시간을 더 많은 일로 채울지, 더 많은 여가 생활이나 더 많은 인간관계로 채울지는 당신의 선택에 달려 있다.

지금부터 시간 관리를 완전히 마스터해 보자. 이전에는 경험해 보지 못한 자유를 느끼게 될 것이다.

시간 관리의 본질

여러 책, 유튜브 영상들에서는 시간 관리 노하우로 다음과 같은 것들을 이야기한다.

타이머를 맞춰서 25분 일하고 5분 휴식하기

업무를 작게 나누어 진행하거나, 비슷한 일을 일괄 처리하기

10분 단위로 타이트하게 계획 세우기……

효과가 전혀 없다고는 할 수 없지만, 이것들은 모두 가벼운 스킬에 불과하다. 시간 관리를 마스터하기 위해서는 스킬이 아니라 본질에

먼저 집중해야 한다.

시간 관리의 본질은 딱 2가지만 기억하면 된다.

1) 우선순위
2) 몰입

이 2가지가 끝이다. 정말 이 2가지만 기억하고 실천한다면 시간 관리는 매우 쉬워진다. 이것을 쉽게 이해하는 방법으로 '그릇에 크기가 다른 구슬 넣기' 비유가 있다. 아래의 그림부터 보자.

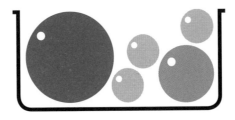

그릇에 모두 3가지 구슬이 담겨 있다. 그리고 크기는 제각각이다. 이 그릇이 바로 당신의 시간 그릇이다. 그렇다면 그릇에 담긴 구슬은 무엇일까? 바로 당신이 하는 모든 일이다. 이때 자신의 그릇에 맞지 않게 너무 큰 구슬을 넣거나, 혹은 너무 많은 구슬을 넣게 되면 어떻게 될까? 그릇이 넘쳐 구슬이 여기저기로 흩어질 것이다.

우리는 그릇이 넘치지 않도록 적절한 양의 구슬을 넣어야 한다. 그

롯의 절대적인 크기는 모두가 같다. 하루 24시간이라는 매일 동일한 시간이 주어지는 것이다. 그런데 이상하게도 누군가는 똑같은 시간에 더 많은 일을 하고 더 많은 것을 이루어낸다. 도대체 어디서 차이가 나는 것일까? 그 차이는 딱 2가지로 결정된다.

1. 우선순위

: 자신에게 중요한 구슬을 먼저 넣을 줄 아는가?

첫 번째, 자신에게 중요한 구슬을 먼저 넣을 줄 아는지에 대해 살펴보자. 자신에게 무엇이 중요한지 아는 것, 그리고 그것을 먼저 선택하고 실행하는 것을 네 글자로 말한다면?

맞다. '우선순위'이다. 우선순위를 세울 줄 모르는 사람은 시간 관리를 결코 잘해낼 수 없다. 우선순위가 없다면 자신의 그릇에 그냥 생각나는 대로 여러 구슬들을 채우려고 할 것이기 때문이다.

그릇에 너무 많은 구슬, 즉 하는 일들이 너무 많다면 구슬 하나당 신경 쓸 수 있는 시간도 충분하지 않을 것이다. 이는 곧 하는 일의 퀄리티 저하로 이어진다. 내가 만약 이 책을 쓸 때 오랜 시간 동안 책에만 몰입하지 않고 다른 여러 일들을 동시에 했다면 그만큼 책 내용의 질을 장담하기는 어려웠을 것이다.

앞의 컨트롤 타워 부분에서 '3가지 목표를 넘기지 않을 것을 추천한다.'라고 말한 것처럼, 나는 한 그릇에 3개 이상의 큰 구슬이 들어가 있으면 어느 것에도 몰입할 수 없게 된다고 생각한다. 토끼를 한꺼번에 몇 마리씩 잡으려다 한 마리도 못 잡고 마는 것이다. 그런데 누군가는 이렇게 반문할 수도 있다.

"코치님, 그런데 제가 아는 사람은 여러 가지 사업을 동시에 잘하던데요?"

좋은 질문이다. 이는 초보 운전자를 떠올리면 이해가 쉽다.

출퇴근을 위해 이제 막 면허를 딴 초보 운전자 A씨가 있다고 하자. 이 A씨는 자신의 집에서 직장까지의 길을 매일 운전하며 도로와 운전에 대한 감각을 열심히 익히는 중이다. 그렇게 3~4주쯤 지나면 어떻게 될까? 아마 A씨는 출퇴근길 운전 중에 잠깐의 통화나 딴생각을 하는 정도는 될 것이다. 그만큼 운전에 '익숙해졌기' 때문이다.

반면에 A씨가 처음 가보는 좁은 골목길이나 차선을 이리저리 바꿔야 하는 어려운 도로를 운전하고 있다면? 바로 온몸이 긴장되고 모든 신경은 도로 상황 파악과 운전에만 집중하게 될 것이다.

이제 이 예시를 든 이유가 짐작이 갈 것이다.

우리는 뭔가에 익숙해지면 그 행동을 습관적으로, 더 자세히 말하면 무의식적으로 할 수 있게 된다. 이때 가능해지는 것이 바로 멀티태스킹이다. 하지만 익숙하지 않은 뭔가를 하게 되면 우리의 모든 신경은 그 행동에만 쏠린다. 이때는 멀티태스킹이 불가능하다.

마찬가지로 사업을 단 한 번도 안 해본 사람이 처음부터 여러 개의 사업을 동시에 운영하는 것은 불가능하다. 아마 모든 사업의 퀄리티가 처참할 것이다. 한편으로 수년간 하나의 사업에 집중하며 생산, 경영, 마케팅, 세일즈, 세무 등을 두루 익힌 사람은 어떨까? 아마 다른 사업에 도전할 여유가 생기게 될 것이다.

이 정도로 하고, 다시 우선순위 이야기로 돌아오자.

우리의 시간 그릇은 크기가 한정되어 있다. 따라서 어느 구슬을 먼저 넣을 것인지를 잘 정해야 한다. 여기에 정답은 없다. 자신의 가치관과 상황에 따라 달라질 뿐이다.

다만 우선순위를 정하는 여러 요령이 있기는 하다. 그중 시간 관리를 잘하기로 유명했던 미국의 34대 대통령 아이젠하워의 방법을 참고해 보자. 그는 한 연설에서 "시급한 것은 중요하지 않고, 중요한 것은 결코 시급하지 않습니다."라는 말을 남기기도 했는데, 이후 아이

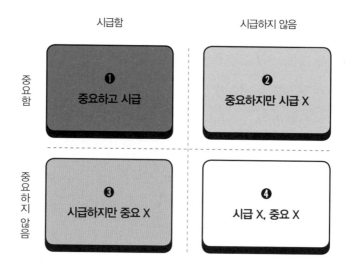

젠하워 4분면이라는 툴로 이어졌다.

　앞의 그림에서처럼 시급함과 중요성을 기준으로 자신의 구슬을 총 4가지로 분류해 보는 것이다. 나 또한 이를 매일 의식적으로 활용한다. 예를 들어 두뇌 효율이 가장 좋을 때 중요하고 시급한 것(1분면)을 처리하고, 시급하지도 중요하지도 않는 일(4분면)은 그날 스케줄에서 제외해 버리는 식이다.

　하지만 이 같은 분류는 자신의 컨트롤 타워가 명확하게 생성되었을 때만 큰 의미가 있다. 그렇지 않으면 이론을 위한 이론이 될 뿐이다. 당신은 한 번뿐인 인생을 어떻게 살고 싶은가? 그리고 그것들을 해내기 위해 이번 달과 이번 주, 그리고 오늘 하루에 무엇을 해내야 하는가? 이것을 꼭 먼저 고민해 보자.

2. 몰입

: 구슬의 크기를 줄일 줄 아는가?

똑같이 24시간이 주어져도 사람마다 성과가 다른 이유, 두 번째는 바로 구슬의 크기를 줄일 줄 아는지에 있다.

구슬의 우선순위는 이해했는데, 구슬의 크기를 줄인다는 건 또 무슨 의미일까? 이는 방금 이야기한 질문에 대한 답, 즉 구슬의 크기를 줄인다는 데에 모두 담겨 있다. 똑같은 구슬이라도 그것에 익숙해지면, 그리고 실력이 상승하면 내게는 그 크기가 서서히 작아진다. 그래서 그릇에 또 다른 구슬을 추가할 수 있게 되는 것이다.

구슬의 크기를 줄이는 방법에는 지름길이 없다. 그냥 묵묵히 시간을 들여 실력을 기르는 수밖에 없다. 하지만 투자하는 시간에 비해 더욱 빠르게 실력을 기를 수 있는 방법은 존재한다. 그것이 바로 '몰입'이다. 축구를 배우더라도 완전히 몰입하는 사람과 가끔 한 번씩 배우러 오는 사람은 일 년 뒤 큰 실력 차이가 날 것이다. 이처럼 무언가를 배우고 실력을 기르는 가장 좋은 방법은 몰입이다.

그렇다면 몰입을 잘하기 위해서는 어떻게 해야 할까? 딱 3가지만 기억하면 된다.

1) 우선순위

: 10개에 몰입하기보다 하나에 몰입하는 것이 훨씬 쉽다.

2) 난이도 설정

: 너무 쉬워도, 너무 어려워도 몰입도는 떨어진다. 자신의 실력 대비 살짝 높은 수준, 즉 긴장감을 유발하는 정도의 난이도가 우리의 몰입력을 최대로 이끌어낸다.

3) 몰입을 방해하는 환경 제거

: 잦은 멀티태스킹, 너무 시끄러운 장소 등은 우리의 몰입을 방해한다.

이 3가지만 기억한다면 당신의 몰입력은 빠르게 좋아질 것이다. 그렇게 몰입한 당신의 실력 또한 더욱 빠르게 상승할 것이다.

나는 지금까지 시간 관리에는 딱 2가지, 우선순위와 몰입이 중요하다고 이야기했다. 그리고 이를 쉽게 설명하기 위해 그릇과 구슬에 비유하며 시간 관리 요령을 살폈다. 지금까지의 내용을 모두 이해했다면 당신의 시간 관리 수준을 스스로 진단해볼 수 있다. 만약 당신이 시간 관리가 잘 안 된다면 아래의 둘 중 하나가 원인이다.

첫째, 그릇에 너무 많은 구슬을 넣으려 하고 있다. 우선순위 없이 여러 가지를 욕심내고 있지는 않은지 돌아보자.

둘째, 구슬의 크기를 줄이지 못하고 있다. 이것은 몰입의 문제였다. 우선순위를 세우지 않았거나, 난이도 설정을 잘못하였거나, 몰입할 수 없는 환경이나 생활 습관을 가지고 있거나.

물론 더 본질적으로 들어가면 에너지 레벨이 문제일 수도 있다. 이와 관련해서는 1장의 기초 체력 파트에서 모두 다루었으니 자세한 설명은 생략하겠다.

자, 당신의 시간 관리는 무엇 때문에 문제를 일으키고 있는가?

한 번 점검해 보자. 하지만 이렇게 말하면 대다수는 점검하지 않고 그냥 넘어갈 것이다. 그래서 준비했다. '시간 관리 7일 챌린지' 제안 이다. 방법은 간단하다. 7일간 총 3가지 미션을 수행하면 된다.

1~2일차 : 우선순위 세우기 연습

첫 번째 미션은 우선순위 세우기 연습이다. 일단 이전 글에서 다뤘던 컨트롤 타워를 모두 생성하고, 매일 우선순위를 정해 중요한 것부터 먼저 끝내는 연습을 해보는 것이다. 이를 챌린지 시작 이틀 동안 진행하면 된다.

3~5일차 : 분석하기

두 번째 미션은 3~5일까지 총 3일간 당신의 하루 전체를 분석해 보는 것이다. 하루에 딱 두 번(오전, 오후)만 잠깐 시간을 내 분석하면 된다. 예를 들어 아침 7시에 기상해 밤 11시에 잠든다면 각 시간대별로 몰입도 평가와 그 이유를 찾아보자.

07:00~08:00 [무엇을 했나? / 몰입도 평가(상—중—하) / 평가 이유]

......

22:00~23:00 [무엇을 했나? / 몰입도 평가(상—중—하) / 평가 이유]

물론 휴식을 취할 때는 제외하고, 업무나 공부 등 뭔가에 집중한 시간만 평가하고 원인을 분석해 보면 된다.(밤에 몰아서 평가하면 잘 기억나지 않을 수 있으니, 점심에 10분 정도 중간 평가하는 것을 추천한다.)

먼저 무엇을 했는지 적고, 그 시간대의 몰입도가 어땠는지 상중하로 평가한다. 그리고 그렇게 평가를 한 이유를 작성한다. '상'이라고 평가한 곳에는 당신의 몰입도를 높일 방법이, 그리고 '하'라고 평가한 곳에는 몰입을 방해하는 요소가 적히게 될 것이다.

6~7일차 : 규칙 세우기

마지막 이틀은 세 번째 미션, 규칙 세우기를 실행하면 된다. 3일 동안 분석한 몰입도 데이터를 바탕으로 자신만의 루틴 혹은 규칙을 정하는 것이다. 집보다 도서관에서 몰입이 더욱 잘되었다면 아침에 바로 도서관으로 가는 규칙을 세워볼 수 있다. 혹은 스마트폰 때문에 몰입이 잘 안 되었다면 폰을 서랍에 넣어둔 채 업무를 시작하는 규칙을 정할 수도 있다.

이렇게 일주일이라는 시간 동안 총 3가지 미션에 도전해 본다면 당신의 시간 관리 실력은 몰라보게 좋아질 것이다. 다시 한 번 말하지만, 시간 관리는 곧 인생 관리이다. 인생을 잘살기 위해서는 시간을 잘 관리해야 한다.

빠르게 성장하는 사람들의 놀라운 공통점

자기계발을 교육하며 정말 많은 사람들을 만나왔다. 그중 '이 사람은 왜 이렇게 빠르게 성장하지?'라는 생각이 드는 경우가 종종 있었다. 나는 궁금했다. '모두 다 다른 꿈과 목표를 향해 달려가고 있는 사람들이지만, 뭔가의 공통점이 존재하지 않을까?'

그리고 얼마 후 놀라운 사실을 발견했다. 그들의 살아온 환경, 꿈과 목표, 성격 등 모두 달랐지만, 이 한 가지는 소름 돋을 정도로 똑같았다. 바로 "선 실행주의"이다.

선 실행주의, 아마 처음 들어본 단어일 것이다. 내가 만들었으니 처음 들어봤을 수밖에. 이는 무엇을 의미할까? 단어 그대로다. 선先 실행주의. 100명이 목표를 세우면 그중 10명은 바로 실행한다. 그리고 40명은 목표를 이루기 위한 지식을 갖추려 한다. 나머지 50명은 둘 다 하지 않고 그냥 잊어버린다.

상위 10%의 사람들, 나는 이들을 '선 실행주의자'라고 부른다. 목표를 세우면 바로 실행한다. 그리고 실행하는 과정에서 필요하다고 판단되는 지식들을 그때그때 찾아보며 배운다.

이는 마치 근육 운동과 닭가슴살(단백질)의 관계와 비슷하다. 근육 운동을 통해 일단 근육을 찢어놓고, 그 후에 닭 가슴살을 먹으면 근육은 성장한다. 그런데 운동은 하지 않고 닭 가슴살만 먹으면 어떻게 될까? 결국 살만 찌게 될 것이다. 실행 없이 지식만 채우는 것도 다를 바 없다. 아무것도 이룬 것 없이 몸과 머리만 더 무거워질 뿐이다.

물론 리스크가 큰 목표는 그에 필요한 지식을 먼저 채우는 게 맞다. 예를 들면 큰돈이 들어가는 투자나 창업과 같이 말이다. 하지만 그게 아니라면, 선 실행을 통해 일단 지식 갈증(궁금증)을 만들어 놓고 그 후에 지식을 채우는 것이 빠른 성장에 보다 유리하다.

〈자기계발의 지도〉 중 실전 삼각형을 기억하는가? 그 삼각형이 의미하는 것은 두 가지다. 첫 번째는 목표, 실행, 지식의 균형. 그리고 두 번째는 목표 — 실행 — 지식, 그 순서 자체이다.

당신은 운동 후 닭 가슴살을 챙겨 먹는 사람인가? 아니면 '어차피 단백질이니 모두 근육이 될 거야.'라고 합리화하며 운동은 미룬 채 닭 가슴살만 먹고 있는가?

Chapter 4

미친 실행력의 비밀

실행력은 그냥 생기지 않는다

지금까지 온라인 강의를 한 번이라도 들어본 적이 있는가? 그렇다면 당신도 어느 정도 공감할 것이다. 대다수 강의의 마지막은 이러한 말과 함께 끝난다.

"저는 이제 여러분에게 OO에 대한 모든 지식을 알려드렸습니다. 이제 실행하는 것은 여러분 몫입니다. 실행하지 않으면 소용없어요. 꼭 실행하세요. 행동하는 사람만이 결과를 만들어 냅니다."

강의뿐만 아니라 교육 정보를 전달하는 거의 모든 매체들에서 마지막으로 강조하는 것 역시 실행력이다. 성공하는 사람들의 공통점을 다루는 유튜브 영상이나 SNS 콘텐츠도 마찬가지다. 결국 이야기하는 것은 실행력이다. 나는 한때 실행력이라는 단어에 피로감을 느껴 '그놈의 실행력!'이라는 원망 섞인 생각을 하게 되었다. 정말 그놈의 실행력, 중요한 건 알겠는데, 도대체 어떻게 실행력을 기르라는 걸까? 그게 어려운데 말이다.

그래서 이 후에는 실행력을 높이는 방법에 관한 영상들을 찾아봤다. 대부분의 영상에서 이야기하는 것은 '그냥 해라.', '할 수 있다는 확신을 가져라.' 정도인데, 이 역시 딱히 뾰족한 수는 없었다.

· 그냥 해라.

→ 그냥 하는 게 어려우니까 고민하고 있는 게 아닌가?

· 확신을 가져라.

→ 실행 하나 못 하고 있는 나에게 어떻게 확신을 가지라는 말인가?

· 돈을 걸어라.

→ 단기적으로는 효과가 있겠지만, 잘못하면 뭔가를 걸지 않으면 움직이지 않는 수동적인 인간이 될 우려가 있다.

· 운동을 해라.

→ 그나마 가장 효과적인 방법이라고 생각한다. 하지만 지금 이 이야기를 듣고 있는 사람들은 실행력이 낮다는 걸 기억하자. 운동도 이들에겐 어려운 실행 과제에 불과하다.

이처럼 많은 사람들이 실행력에 대해 오해하고 있는데, 크게 두 가지로 나눌 수 있다. 첫 번째는 복잡하게 생각하지 말고 '그냥 하면' 된다는 것이고, 두 번째는 돈을 걸거나 운동을 하는 등 한두 가지 방편으로 실행력을 높일 수 있다는 것이다.

틀렸다. 없던 실행력이 이런 식으로 생기지는 않는다.

나는 이번 장에서 실행력을 '근본적으로' 끌어올리는 방법에 대해 이야기할 것이다. 내가 지금부터 이야기하는 것을 모두 이해한다면 당신의 실행력은 끊임없이 우상향할 거라고 확신한다.

이렇게 말하는 이유는 하나다. 나를 포함하여 많은 수강생분들이 그 놀라운 경험을 하게 되었기 때문이다. 지금도 내 사무실 책상 앞에는 '코치님 덕분에 제 실행력이 향상되었어요. 감사해요.'라고 적힌 스티커 편지 하나가 붙어 있다.

이 경험을 당신도 할 수 있기를!

동기부여의 4단계

실행하지 못하는 이유를 물어 보면 흔히 이런 대답이 나온다.

"동기부여가 생기지 않아서요."

여기에 대해 당신은 어떻게 생각하는가? 정말 동기부여 때문일까? 나의 대답은 "YES"이다. 동기부여 때문이 맞다. 동기부여를 제대로 이해하고, 동기부여의 단계를 높이는 방법을 알고 있다면 그 사람은 무조건 실행력을 높일 수 있다.

왜 그런지는 간단하다. 인간은 '이유 있는 행동'만 하기 때문이다.

당신은 왜 군이 아침에 알람을 맞춰 놓는가? 학교, 회사, 가게, 공부 등 각자만의 이유가 있을 것이다. 당신은 왜 책을 읽고 자기계발을 하는가? 이 또한 각자만의 이유가 있을 것이다. 하지만 그 이유가 상실되면 어떻게 될까? 우리는 굳이 그 행동을 하지 않게 된다.

또 하나의 예를 들어 보자. 우리는 매일 밥을 먹고 화장실에 간다. 그리고 밤에는 잠도 잔다. 이러한 행동들에는 모두 이유, 즉 동기가 있다. 바로 우리의 생존에 도움이 되기 때문이다. 우리가 밤마다 유튜브 쇼츠를 보는 것에도 이유가 있다. 그것이 우리의 뇌에 즉각적인 쾌락을 주기 때문이다.

이처럼 인간의 모든 행동에는 동기가 존재한다. 특히 생존에 직결되거나 보상이 즉각적으로 오는 행위들, 그리고 이미 습관으로 자리 잡은 행동들은 자연스럽게 하게 된다. 하지만 내가 강조하고 싶은 것은 이러한 무의식적 행동들에도 모두 동기가 있으며, 그 반대의 행동들은 더욱더 확실한 동기가 필요하다는 사실이다. 인간은 이유 없는 행동으로 굳이 에너지를 낭비하려 하지 않기 때문이다.

여기까지 우리가 하는 의식적 행동과 무의식적 행동에는 모두 동기가 존재한다는 것을 살펴보았다. 이제부터는 자기계발 같은 의식적 행동의 동기를 어떻게 발전시킬 수 있는지, 동기부여의 4단계에 대해 알아보도록 하자.

무의식적 행동들은 생존에 밀접하게 연결되거나, 쾌락의 정도가 크고 보상이 즉각적일수록 동기부여의 강도가 더욱 커진다. 하지만 그 반대의 행동들은 다른 방법으로 동기부여의 강도를 높여야 한다. 동기부여는 다음 네 단계를 거쳐 발전한다.

1단계. 바람 : 부자가 되고 싶다.

2단계. 결심 : 나도 부자가 될 거야!

3단계. 확신 : 나도 부자가 될 수 있을 것 같아. 가능해!

4단계. 정체성 : 나는 부자야.

4단계로 갈수록 동기의 강도는 더욱 커진다. 그렇게 실행력도 함께 올라간다. 하지만 생각보다 많은 사람들이 바람, 결심 단계에 머물러 있다. 바라기만 하거나 결심만 하고 끝나 버린다. 어떻게 해야 동기부여의 단계를 끌어올릴 수 있을까?

1단계. 바람 → 2단계. 결심

일단 결심이 필요하다. 많은 사람들이 바람과 결심을 착각한다. 자신이 결심했다는 사람들을 보면 죄다 '바라기만' 하고 있다. 결심은 목표를 얻기 위해 무언가를 포기하겠다는 선언과 같다.(책임 마인드셋이 떠올랐다면 100점이다.)

바람 단계에서 결심 단계로 넘어오기 위해서는 목표를 명확하게 하고, 그것을 달성하기 위해 포기해야 하는 것들을 담담하게 받아들일 수 있어야 한다.

2단계. 결심 → 3단계. 확신

결심에서 확신 단계로 넘어가기 위해서는 작은 성취의 반복이 중요하다. 승자의 마인드셋에서 언급한 성취감이 떠오를 것이다. 그래서 2단계에서 3단계로 가려면 충분한 시간이 필요하다. 확신은 말로 생기지 않는다. 그것은 자신이 지금까지 해왔던 행동들이 쌓인 땅에서 자라나는 나무와 같다.

3단계. 확신 → 4단계. 정체성

동기부여의 강도가 가장 센, 마지막 4단계는 바로 정체성 단계이다. 이때부터는 굳이 노력하지 않아도 된다. 왜냐하면 목표를 향한 행동이 당연해지기 때문이다.

예를 들어 금연을 목표로 세웠다고 가정해 보자. 바람 단계에서는 '금연하고 싶다.'라고 막연하게 원한다. 그러다가 2단계부터는 '금연해야겠다.'라는 결심과 함께 금연을 위한 노력을 하기 시작한다. 그렇게 3단계까지 오면 금연을 할 수 있겠다는 확신이 들게 된다. 하지만 아직까지는 노력의 과정이다. 4단계 정체성 단계가 되면 금연은 노력의 대상이 아닌 '당연한 것'이 된다. 왜냐하면 이미 정체성 자체가 담배를 피우지 않는 사람이 되었기 때문이다.

인간은 자신의 정체성에 기반하여 행동한다. 더 정확히 말하자면 인간은 자신의 정체성을 '증명하기 위해' 다양한 행동을 하게 된다. '나는 우울한 사람이야.', '나는 우울증 환자야.'라는 정체성을 가지고 있는 사람은 끊임없이 자신이 우울하다는 것을 증명하려 한다. 모든 것을 우울하게 해석하고, 우울한 장소에서 우울한 노래만 듣는다. 왜 냐하면 자신은 우울한 사람이기 때문이다.

하지만 반대로 '나는 우울한 사람이 아니야. 잠시 힘든 상황 때문에 무기력해졌을 뿐이야. 나는 무조건 잘될 사람이야!'라는 정체성을 가 졌다면 그렇게 행동할 수밖에 없다. 다시 말하지만, 이건 노력이 아니 다. 자연스러운 행동이다. 인간의 모든 행동은 자신의 정체성에 기반 을 두기 때문이다.

만약 당신에게 이루고 싶은 것이 있다면 결심, 확신을 넘어 정체성 을 만들 수 있도록 노력해 보자. 당신의 실행력은 그때부터 폭발하기 시작할 것이다. 그리고 드라마틱한 성장과 성취가 뒤따를 것이다.

"코치님, 확신과 정체성까지 갈 수 있는 방법을 더 구체적으로 알 려 주세요!"라는 말이 들려오는 듯하다.

좋다. 다음 항목에서는 동기부여 레벨을 끌어올려 실행력을 폭발 시키는 두 가지 비밀에 대해 살펴보도록 하자. 당신의 동기부여, 그리 고 실행력 고민이 싹 사라질 것이다.

실행력의 첫 번째 비밀, 내적 동기

동기부여의 단계와 실행력을 높이기 위해 첫 번째로 기억해야 할 단어는 바로 '내적 동기'이다. 이 내적 동기가 올라가면 실행력은 자연스럽게, 그리고 근본적으로 상승하게 된다.

그렇다면 내적 동기는 어떻게 끌어올릴까? 간단하다. 내적 동기를 지지하고 있는 다음 3가지 요소를 차례로 높이면 된다.

1. 구체성
2. 성취감
3. 보상에 대한 기대감

1. 구체성 --

당신이 길을 걷고 있는데, 갑자기 누가 당신의 이름을 부른다.

"야~ OO아!"

고개를 들어 보니 초등학교 때 친하게 지냈던 동창 얼굴이 보인다. 너무 반가운 나머지 와락 끌어안으며 그동안 잘 지냈는지 서로 안부를 묻는다. 그러기를 잠시 후 둘은 헤어지며 또 만나기로 한다.

"오늘 반가웠어. 나중에 꼭 밥 한번 먹자!"

여기서 퀴즈, 나중에 이 초등학교 동창과 따로 약속을 잡아 식사를 할 확률은 얼마나 될까? 아마 10%도 되지 않을 것이다. 그런데 헤어질 때 이렇게 말했다면 어떨까?

"우리 다음 주 목요일 저녁 7시에 강남역에서 만나 초밥 먹으러 가

자. 너 초등학교 때부터 초밥 좋아했었잖아!"

아마 약속이 지켜질 확률은 80% 이상으로 올라갈 것이다.

왜일까? 금방 눈치챘을 것이다. 첫 번째 멘트에 비해 두 번째 멘트는 구체성이 올라갔다. 이처럼 타인과의 약속이든 나 자신과의 약속이든, 구체성이 오를수록 약속을 지킬 확률이 높아진다. '유튜브나 해야지~.'라고 하기보다 '토요일마다 영상 촬영하고 일요일에 편집해서 일주일에 1개씩 업로드해야겠다.'라고 하는 게 실행 확률이 훨씬 높아지는 것처럼 말이다.

당신이 실행력을 높이기 위해 첫 번째로 신경 써야 할 것은 바로 구체성이다. 구체성이 오르면 내적 동기는 자연스럽게 올라가게 되고, 이 내적 동기가 당신의 실행력을 끌어올린다. 사실 앞의 목표 챕터에서 설명한 내용은 모두 이 구체성에 근거하고 있다. 나열과 분류, 그리고 우선순위 설정 등을 통해 구체성을 높이는 연습을 자연스럽게 하게 된 것이다.

가급적 최대한 구체적으로 목표와 계획을 세워 보자.

나도 이 책을 쓸 때 '매일 아침에 책을 쓰자.'가 아닌 '매일 아침 7시 30분에 집 앞 카페에 가서 10시 30분까지 2개 꼭지씩 쓰자.'라고 목표를 세웠다. 이처럼 장소와 시간, 미션의 세부 사항까지 구체적으로 설정한다면 당신의 실행력은 크게 개선될 것이다.

2. 성취감 --

내적 동기의 두 번째 요소는 바로 성취감이다. 성취감이 쌓이면 자신감(승자의 마인드셋)이 되고, 이 자신감은 우리의 실행력을 높여 준다.

앞에서도 언급했듯이 실행력에 대해 '할 수 있다는 확신'을 강조하는 사람들이 있다. 그런데 사실 이 확신은 처음부터 생기는 것이 아니다. 건물 옥상에 올라가 세상을 향해 "나는 할 수 있다!"라고 소리지른다고 자신감이 생길까? 물론 단기적으로는 호르몬 변화로 기분이 업될 수 있으나, 자신감을 근본적으로 높이기 위해서는 성취감을 학습해 나가는 수밖에 없다.

그렇다면 성취감은 어떻게 높일 수 있을까? 당신은 이미 답을 알고 있을 것이다. 승자의 마인드셋에서 성취감을 쌓기 위해 목표와 계획을 어떻게 세워야 한다고 했는지 기억하는가?

3초만 고민해 보자. 3, 2, 1.

정답은 바로 '작게'이다. 목표를 작게 세우는 방법은 내적 동기의 첫 번째 요소, 구체성과 밀접한 관련이 있다. 왜냐하면 큰 목표를 구체적으로 나누는 과정에서 목표가 작아지기 때문이다.

실행력을 높이기 위해서는 구체성을 통해 작게 나눠진 목표들을 하나씩 성취해 나가야 한다. 목표라는 벽 앞에 사다리를 두고 오르는 것과 같은 원리라고 이해하면 된다.

벽을 한 번에 넘는 것은 불가능하다. 하지만 앞에 사다리를 두고 한

계단씩 밟아 나간다면 결국 그 벽은 정복이 가능해진다.

　그러니 꼭 기억하자. 구체적인 계획을 기반으로 작은 성취감을 학습해 나가라. 승자의 마인드셋에서 이야기한 것처럼 자존심 부리며 시시하다고 생각하지 말자. 자존심보다 더 중요한 건 당신의 성장이다. 이것을 기억한다면 당신의 동기부여 레벨은 머지않아 확신 단계까지 올라오게 될 것이다.

3. 보상에 대한 기대감 ----------------------------------

내적 동기를 높이기 위해 마지막으로 기억해야 할 요소는 보상에 대한 기대감이다. 그리고 이는 동기부여의 정체성 단계로 갈 수 있는 유일한 방법이기도 하다. 아무리 구체성과 성취감이 높아도, 보상에 대한 기대감이 제로라면 내적 동기는 올라가지 않는다. 앞에서 세 발 의자 그림으로 보았듯이 내적 동기를 받치는 3가지 요소는 삼각대의 원리와 같기 때문이다. 하나가 무너지면 모든 게 무너진다.

이 보상에 대한 기대감이라는 것을 이해하기 위해서는 자기계발 분야에서 상당히 핫한 주제인 '끌어당김의 법칙'에 대한 올바른 이해 가 선행되어야 한다.

가끔 나에게 이렇게 묻는 분들이 있다.

"코치님은 끌어당김의 법칙을 믿으시나요?"

내가 생각하는 끌어당김의 핵심은 크게 두 가지이다. 그냥 설명하 면 이야기가 밋밋해지니 비유를 통해 하나씩 살펴보자.

첫 번째, 가위바위보. 만약 '나는 가위바위보 게임에서 결국 이길 수밖에 없어.'라고 생각하는 사람이 있다고 가정해 보자. 이 사람은 가위바위보를 어떻게 할까? 아마 이길 때까지 할 것이다. 세 번 연속 지더라도 포기하지 않고 이길 때까지 가위바위보를 진행하는 것이 다. 왜? 자신은 결국 이길 거라고 믿고 있으니까.

하지만 반대로 '나는 결국 질 거야.'라고 생각하는 사람이 있다면 어떨까? 이 사람은 가위바위보에서 이기면 '그냥 운이 좋았네.'라고 생각할 것이다. 그리고 지는 순간 '거봐, 내 말이 맞잖아.'라며 자신의 믿음을 강화할 것이다.

끌어당김의 법칙은 이러한 측면에서 무언가를 이룰 확률을 높여준다고 생각한다. 자신이 결국 잘될 거라고 믿는 사람은 진짜 잘될 때까지 시도하게 될 것이기 때문이다.

두 번째 비유, 람보르기니에 푹 빠진 제임스. 고가의 스포츠카인 람보르기니에 푹 빠진 제임스라는 사람이 있다. 그는 최근에 유튜브에서 자신이 정말 좋아하는 연예인이 람보르기니를 타는 모습을 보았다. 이때부터 제임스는 람보르기니에 완전히 심취하게 된다. 자신의 드림 카라며 집안 곳곳에 람보르기니 사진을 붙여 놓는가 하면, 친구들을 만나서도 람보르기니 이야기뿐이다.

제임스가 길거리에 나가면 어떻게 될까? 이전에는 눈에 들어오지도 않았던 람보르기니 차들이 보이기 시작할 것이고, 스포츠카 배기음만 들어도 가슴이 콩닥콩닥 뛸 것이다. 그리고 람보르기니를 타는 자기 자신의 모습을 상상하며 돈을 벌기 위한 다양한 수단과 방법을 찾아다니게 될 것이다.

이제 생각해 보자. 람보르기니에 전혀 관심도 없는 사람이 람보르기니를 탈 확률과, 제임스가 람보르기니를 타게 될 확률 중 어느 쪽이 더 높을까? 당신의 전 재산을 한쪽에 걸어야 한다면 어디에 걸 것인가? 당연히 후자일 것이다. 쉽게 설명하기 위해 람보르기니를 예로 들었지만, 다른 것도 같다. 매일 근육을 생각하며 근육을 만드는 데에만 몰입되어 있는 사람은 그렇지 않은 사람들보다 좋은 몸을 만들 확률이 훨씬 높다. 이건 당연하다.

지금까지 설명한 두 이야기 모두 '기대감'이라는 개념을 기반으로 하고 있다. 우리는 보상이나 결과에 대한 기대감을 갖게 되면, 그것을 현실로 만들기 위한 행동을 반복적으로 하게 된다.

그렇다면 기대감을 높이기 위해서는 어떻게 해야 할까?

바로 '상상'이다. 보상에 대한 기대감을 설명하기에 앞서 끌어당김의 법칙에 대한 나의 생각을 이야기한 이유가 여기에 있다.

끌어당김의 법칙은 상상에 기반하는데, 이 상상이 실제로 보상에 대한 기대감을 높이게 된다. 동시에 보상에 대한 기대감은 내적 동기를 높여 주기 때문에 실행력에 긍정적인 영향을 끼친다. 그렇게 실행이 반복되면 그것이 이루어질 확률도 높아지는 것이다.

그래서 나는 단순히 상상하면 이루어진다고 생각하지 않는다. 상상하면 이루어질 '확률'이 높아질 뿐이다.

끌어당김의 법칙에 대한 기본적인 이해를 마쳤으니, 이제부터 본격적으로 상상을 통해 보상에 대한 기대감을 높이는 방법에 대해서 알아보자.

상상을 통해 기대감을 증폭시키기 위해서는 이것이 함께 어우러져야 한다. 여기서 이것은 바로 '체험'이다. 우리는 본 만큼 상상할 수 있고 상상한 만큼 이룰 수 있다. 보지 못하면, 즉 체험하지 못하면 상상은 힘을 잃는다.

체험은 크게 두 가지로 나눌 수 있다. 바로 직접 체험과 간접 체험이다.

직접 체험은 내가 목표로 하는 상황을 직접 체험해 보는 것이다. 앞의 제임스라면 람보르기니 전시회에 가서 직접 차를 보고 운전석에 앉아볼 수도 있다. 시승까지 해본다면 더욱 좋을 것이다. 만약 좋은 집에서 사는 것이 목표라면 돈을 모아 근사한 숙소에서 묵어 보는 것도 좋은 직접 체험이 되어줄 것이다.

꼭 물질적인 것뿐만 아니라 경험적인 것도 직접 체험이 가능하다. 예를 들어 자신이 꿈꾸는 직업이 있다면, 그 직업을 잠시라도 체험해 볼 수 있는 견학 프로그램 같은 기회가 있는지 알아보자.

한편으로 간접 체험은 보다 수월하다. 내 목표를 이룬 사람을 직접 만나 대화를 나눠볼 수 있고, 그런 책이나 영상을 보는 방법도 있다.

나는 유튜브를 자주 활용한다. 내가 원하는 라이프스타일을 살아가고 있는 사람들의 영상을 보며(일례로 유현준 교수님) 나의 기대감을 증폭시킨다. 만약 당신이 원하는 목표를 이미 이룬 사람이 있다면 그에게 만남을 요청해 보자. 어렵다면 그가 나온 영상이나 그가 쓴 책을 읽어 봐도 좋다. 우리는 간접 체험이 굉장히 수월한 환경에서 살아가고 있다. 그러니 꼭 다양한 간접 체험을 통해 당신의 상상력에 힘을 실어 기대감을 키워 나가기 바란다. 그때부터 당신의 확신은 차츰 정체성이 될 것이다.

구체성, 성취감, 보상에 대한 기대감은 균형이 가장 중요하다. 아무리 상상을 기가 막히게 하더라도 구체성과 성취감이 없으면 내적 동기는 무너지고 만다. 세 발 의자 그림을 꼭 기억하자.

자, 지금까지 우리는 내적 동기의 세 가지 요소에 대해서 알아보았다. 그렇게 내적 동기를 꾸준히 높이면 당신의 실행력은 점점 상승하게 될 것이다.

실행력의 두 번째 비밀, 환경

당신은 매일 아침 일찍 일어나 책을 읽고 운동을 하며, 하루에 10시간 이상 일하는 사람을 보면 어떠한 생각이 드는가?

아마 '의지가 대단하다'라고 이야기할 것이다. 그리고 여기서 말하는 의지란 내적 동기라고 표현할 수 있다. 그런데 정말 열심히 살아가는 사람들은 의지, 즉 내적 동기가 높아서 그런 걸까?

그런 경우도 있겠지만, 대부분은 내적 동기 하나만으로 높은 실행력을 유지하기는 힘들다. 이 내적 동기가 꾸준히 상승하기 위해서는 환경이라는 보호막이 필요하다.

내적 동기는 스마트폰, 환경은 스마트폰 케이스라고 이해하면 쉽다. 케이스 없이 스마트폰을 사용하면 손상되거나 떨어뜨렸을 때 고장 나기가 훨씬 쉬울 것이다. 하지만 튼튼한 케이스가 스마트폰을 감싸고 있다면 오랫동안 흠집 없이 사용할 수 있다.

물론 실행력의 측면에서 의지(내적 동기)보다 환경을 중요하게 여기는 사람들도 많다. 나도 여기에 동의한다. 한때는 '의지는 환경을 설정할 정도만 있으면 된다.'라고 이야기할 정도였으니 말이다.

하지만 내적 동기가 중심이 되지 않은 환경은 주객이 전도될 우려가 상당히 높다. 다시 말해 내가 원하는 삶을 살아가기 위해 목표를 세우고 그 목표를 달성하기 위해 환경을 활용하는 것이 아닌, 내 중심 없이 환경에 휩쓸려 버리게 될 가능성이 있다.

그러므로 중심은 내적 동기가 되어야 한다. 그리고 그 내적 동기를 환경이라는 보호막으로 감싸야 한다. 환경이 보호해 주지 않으면 내적 동기는 금방 손상되어 깨져 버리고 말 것이다. 지금부터 내적 동기만큼이나 중요한, 환경에 대해 알아보자.

1. 물리적 환경 --

환경은 크게 두 가지 종류로 나뉜다. 하나는 물리적 환경이고 하나는 사회적 환경이다.

일단 물리적 환경이란 쉽게 말해 '장소'를 뜻한다. 우리는 누구나 몇 번쯤 물리적 환경을 활용해본 적이 있다. 예를 들면 집에서는 공부에 집중이 되지 않아 독서실이나 도서관을 간다거나, 집에서 혼자 운동하면 의지가 생기지 않아 헬스장에 가서 운동한다. 이처럼 우리는 물리적 환경의 중요성을 알고 있다. 나도 이 책을 집필할 때 3시간 간격으로 장소를 바꾸곤 했다. 그래야 지치는 느낌 없이 꾸준한 몰입이 가능했기 때문이다.

물리적 환경에서 기억해야 할 한 가지는 다음과 같다.

'내가 현재 하고자 하는 행동에 온전히 집중할 수 있는 최적의 장소는 어디인가?'

이 한 문장이 당신의 물리적 환경 활용에 가이드가 되어줄 것이다. 지금 당신은 이 책에 몰입하기 적절한 환경 속에 있는가? 아니라면 이 책을 들고 잠시 장소를 옮겨 보자.

2. 사회적 환경 ------------------------------------

환경의 두 번째 종류는 바로 사회적 환경이다.

사회적 환경은 '내가 자주 접하고 소통하는 사람들'을 말한다. 사회적 환경에 관한 유명한 격언이 있다.

'당신은 가장 많은 시간을 함께 보내는 다섯 사람의 평균이다.'

이 말에 상당 부분 동의한다. 우리 뇌에는 거울 뉴런이라고 불리는 신경 세포가 있어 주변 사람들의 말과 행동에 많은 영향을 받게 된다. 만약 당신 주변에 이렇게 말하는 사람들이 있다고 가정해 보자.

"꿈은 사치야. 그냥 다 포기하고 편하게 살자."

"모난 돌이 정 맞는 거야. 나대지 말고 살아."

"부자들은 모두 사기꾼들이야!"

"우린 안 돼. 성공은 타고난 사람들이나 가능한 거야."

우리는 이러한 말들에 영향을 받을 수밖에 없다. 그리고 어느 정도 시간이 흘러 익숙해지면, 실제로 당신도 위와 같이 생각하고 말할 확률이 매우 높아진다. 가장 무서운 건 이러한 말들이 당신에게 진실이 된다는 사실이다.

할 수 없다고 믿는 사람들은 정말로 할 수 없다. 왜냐하면 할 수 없다고 생각하기에 시도 자체를 하지 않을 것이기 때문이다. 그렇게 믿으면 그 사람에게는 그것이 진실이 된다. 이를 잘 표현하는 자동차의 왕, 헨리 포드의 명언이 있다.

'당신이 할 수 있다고 생각하든 할 수 없다고 생각하든 당신의 말이 옳다.'

반대로 당신 주변에 이렇게 말하는 사람들이 많다면 어떨까?

"할 수 있을 것 같아."
"재밌겠는데? 한번 함께 해보자."
"힘 내! 우리는 결국 잘될 수밖에 없어."
"시간이 걸릴 뿐이지 우리는 꼭 부자가 될 거야!"

이 또한 이렇게 말하는 사람들에게는 진실이 된다. 그렇게 믿으면 그렇게 행동하게 되고, 그 행동이 반복되면 그렇게 될 확률이 대단히 높아지기 때문이다.

당신의 목표를 이루는 데 좋은 영향을 주는 사람들이 모이게 되면 또 하나 활용할 수 있는 방법이 생긴다. 바로 '보상과 처벌'이다.

흔히 모임에서 상금을 걸고 챌린지를 하거나, 특정 행동을 하지 않을 시 벌금을 내는 것과 같은 장치를 마련해 사회적 환경의 효과를 극대화할 수 있다. 하지만 이러한 보상과 처벌은 어디까지나 활용해야 하는 수단에 불과하다. 내적 동기 없이 처벌 장치에 의해 움직이는 것에 익숙해지면 자칫 수동적인 사람이 될 우려가 커진다. 그러니 꼭 환경은 활용만 하자.

당신 주변에는 어떻게 생각하고 말하는 사람들로 채워져 있는가? 당신이 원하는 일과 여가를 추구하는 데에 악영향을 끼치는 사람들이 있다면 용기 내어 정리해 보자. 말처럼 쉬운 일은 아니다. 하지만 지금 용기 내지 않으면 당신은 점점 원하는 삶과 멀어지게 될 것이다. 시간이 지나고 나중에는 이미 상황을 되돌릴 수 없을지도 모른다. 삼성의 이건희 회장 역시 일찍이 이런 명언을 남겼다.

"결국 내가 변해야 한다. 바꾸려면 철저히 바꿔야 한다. 극단적으로 말하면 마누라와 자식 빼고 다 바꿔 봐라."

지금까지 환경의 두 가지 종류에 대해 알아보았다.

실행력을 높이기 위해서는 내적 동기를 구성하고 있는 구체성, 성취감, 보상에 대한 기대감이라는 세 가지 요소를 점차 높여 나가며 환경을 활용해야 한다. 만약 환경 없이 내적 동기만을 믿는다면 금방 깨져 버리고 말 것이다. 반대로 내적 동기 없이 환경에만 의존한다면 당신의 삶은 오히려 환경에 휩쓸리게 될 것이다.

당신이 원하는 삶은 무엇인가? 그리고 그것을 이루기 위해 지금 집중해야 하는 목표는 무엇인가? 그 목표를 이루기 위해 당신의 환경을 어떻게 구축해야 하는가?

당신에게 실행이 어려운 진짜 이유

만약 당신의 집 천장에서 물이 떨어진다면 어떻게 할 것인가?

일단 바닥에 떨어진 물부터 닦아 내야 할 것이다. 그리고 천장에 물이 새는 원인을 찾아야 그 문제를 해결할 수 있다. 이처럼 실행력을 높이기 위해서는 우리가 왜 실행을 어려워하는지 원인을 파악해볼 필요가 있다. 그 근본적인 문제를 해결하면 실행력은 자연스럽게 향상될 것이다.

우리가 실행을 어려워하는 이유는 딱 하나이다.

'두려워서'

우리는 사실 실행을 두려워한다. 더 구체적으로 말하면 실행에서 따라오는 자기 객관화를 두려워한다. 그래서 실행이 어려운 것이다.

(자기계발의 지도에 근거하자면 '에너지 부족'도 하나의 원인이 될 수 있지만, 더 근본적인 원인은 두려움에 있다.)

이를 축구로 예를 들면 경기장에는 들어가지 않으면서 계속 혼자 슛 연습을 하며 '나는 메시만큼이나 위대한 선수야.'라고 망상하고 있는 것과 같다. 이 사람은 경기장에는 들어가지 않는다. 왜냐하면 자신의 진짜 축구 실력을 현실로 마주하는 게 두렵기 때문이다. 경기장 밖에서 혼자 연습할 때는 자신의 망상을 계속해서 키워낼 수 있다. 하지만 그뿐이다.

이것을 내적 동기로 설명해 보자면 구체성, 성취감 없이 보상에 대한 기대감만 큰 경우라고 할 수 있다. 방안에서 매일같이 자기암시하고, 끌어당김의 법칙을 자기 마음대로 해석해서 진짜 믿기만 한다. 이 상태로는 자의식을 너무 비대하게 만들어 점점 더 실행을 두려워하게 된다.

자기계발을 열심히 하고 있다는 사람들조차 현실 직면에 머뭇거리는 경우가 적지 않다. 그들은 열심히 책을 읽고 강의를 들으러 다닌다. 사업 강의에 수백만 원씩 투자하는 일도 있다. 하지만 정작 행동은 하지 않는다.

이들의 공통점은 무엇일까?

책과 강의만 소비하고 행동은 하지 않는다? 물론 이것도 맞는 말이지만, 나는 본질적으로 '회피'라고 생각한다. 왜냐하면 자신을 처음 객관화할 때가 가장 아프기 때문이다. 나 역시 그랬다.

나는 이 사실을 깨달은 뒤부터 매를 먼저 청하게 되었다.

빠르게 부딪혀 나의 실력을 파악하고 인정하는 데 쿨해진 것이다. 물론 썩 유쾌하지는 않지만, 내 진짜 실력을 알 때 실력 향상을 위한 올바른 훈련이 가능해진다.

4년 전 주식에 한동안 몰두하던 시절에도 그랬던 적이 있다.

그때 당시 처음에는 피터 린치의 《전설로 떠나는 월가의 영웅》, 벤저민 그레이엄의 《현명한 투자자》, 필립 피셔의 《위대한 기업에 투자하라》처럼 비교적 난이도가 있는 책을 골랐다. 하지만 무슨 말을 하는지 도무지 이해가 되지 않아 며칠이 지나도록 챕터 1을 벗어나지 못하는 나를 보며 깨달았다.

'내 실력에 맞게 읽어야 하는구나!'

이렇게 반성하며 《만화, 주식투자 무작정 따라하기》처럼 쉽게 읽히는 책 위주로 다시 골랐다. 나의 수준에 맞는 책을 고른 덕분에 수월하게 완독할 수 있었고, 지금은 어려운 투자서들도 웬만큼 이해하며 읽는 수준이 되었다.

실행력 때문에 고민이라면 자신에게 솔직하게 물어 보자.

'무엇을 두려워하고 있는가?'

'혹시 그 두려움이 자기 객관화에 대한 두려움은 아닌가?'

만약 맞다면 그 마음을 솔직하게 인정하고, 어서 실행해 당신의 수준을 파악하고 방법을 찾아보자. 축구를 처음 배우는데 처음부터 헛다리 짚기, 마르세유 턴, 플립 플랩 같은 기술을 익히겠다고 고집부리지 말고 일단 운동장부터 뛰자. 지금 수준에 맞는 훈련을 해야 결국 고급 기술도 모두 몸에 익힐 수 있게 된다.

지금까지 우리가 실행을 어려워하는 근본적인 이유에 대해 알아보았다. 앞서 설명한 내적 동기와 환경은, 사실 자기 객관화를 두려워하는 인간의 본능을 이해하고 난 뒤에 활용하면 훨씬 좋은 효과를 거둘 수 있다. 물론 이제는 알았을 것이다. 뭔가를 실행하려는 당신에게 더 이상 두려울 일은 없다.

나쁜 습관을 없애는 방법 -----------------------------

앞에서 우리가 실행을 어려워하는 것은 결국 두려움 때문이라는 것을 알았다. 그럼에도 실행을 어려워하는 사람들이 적지 않을 것이다. 특히 오랫동안 몸에 밴 나쁜 습관이나 중독 행동이 실행을 가로막는 경우가 그렇다. 시간 관리 파트에서의 표현을 빌리자면 그릇에 어떤 구슬을 넣을지도 중요하지만, 어떤 구슬을 빼서 여유 자리를 확보할 것인가도 함께 고민해 봐야 한다.

잠시 생각해 보자. 현재 당신의 실행을 가로막는 나쁜 습관이나 중독 행동이 있는가? 누구나 하나쯤은 고치고 싶은 습관이 있을 것이다. 하지만 안타깝게도 나쁜 습관을 없애고 중독을 치료하는 것은 거의 불가능에 가깝다. 당신의 의지력이 부족해서가 아니다. 우리의 뇌가 중독에 취약하도록 설계되어 있기 때문이다. 그렇다면 그냥 포기하고 받아들여야 할까? 만약 그랬다면 이 이야기를 꺼내지도 않았을 것이다. 불가능에 가깝지만, 그렇다고 완전히 불가능한 것은 아니다. 0%와 1%에는 매우 큰 차이가 있다.

지금부터 그 방법에 대해 알아보자. 뇌과학적으로 들어가 도파민이니 변연계니 하며 어렵게 설명할 생각은 없으니 걱정하지 않아도 된다. 우리가 원하는 건 지식이 아니라 문제 해결이다.

나쁜 습관과 중독 행동을 없애기 위해서는 크게 4단계를 기억하고 실천하면 된다.

1단계. 인정

일단 중독이 무엇인지부터 알아야 한다. 내가 말하고 싶은 것은 중독이 무조건 나쁜 게 아니라는 점이다. 우리는 누구나 뭔가에 중독되어 살아간다. 하지만 그중에는 삶을 파괴하는 '나쁜 중독'이 있기 마련이다. 우리는 이 나쁜 중독에 주목해야 한다. 내가 정의하는 나쁜 중독은 이렇다. '일상생활, 그리고 내가 목표로 하는 것을 성취하는 데에 방해가 되는 행동을 내가 통제할 수 없는 상황.' 쉽게 말해 아래 2가지 조건이 모두 충족되면 나쁜 중독이라고 할 수 있다.

1) 일상생활과 내가 목표로 하는 것을 성취하는 데에 방해가 될 정도로 그 행동을 한다.
2) 그런데 스스로 그 행동을 통제할 수가 없다.

지금 당신의 고민은 위 2가지에 모두 해당하는가? 아니라면 굳이 스트레스받을 필요는 없다. 하지만 2가지 모두에 해당된다면, 지금부터 집중해서 남은 단계를 따라가 보자. 모든 문제 해결의 첫걸음은 인정이다. 인정하지 않으면 그 어떤 것도 해결할 수 없다.

2단계. 파악

다음은 파악을 하는 단계이다. 나쁜 습관, 나쁜 중독의 원인을 파악해 보는 것이다. 아래 3가지 질문에 차분하게 답해 보자.

1) 어떤 욕구를 충족시키기 위해 그 행동을 하는가?

2) 주로 어떠한 환경에서 그 행동이 반복되는가?

3) 어떤 트리거(계기)가 그 행동을 하게 만드는가?

답한 내용을 바탕으로 스스로를 통제하기 위한 규칙, 루틴을 세워보자. 여기서 중요한 것은 그 행동 자체를 통제하려 하면 안 된다. 행동 자체를 통제하려고 하면 결국 다시 그 행동을 반복하게 될 것이다. 특히 1번 질문에 언급된 욕구가 성욕, 식욕처럼 인간의 근원적인 욕구라면 더더욱 그렇다. 우리는 행동이 아닌 그 행동을 유발하는 계기와 환경을 통제해야 한다.

여기 2단계까지만 실천해도 약한 중독은 어느 정도 통제가 가능해진다. 하지만 대부분의 중독 행동은 빠른 속도로 깊어지게 되는 경우가 대부분이기에 다음 3단계를 마련했다.

3단계. 집중

잠깐 나의 말에 집중해 주기 바란다.

지금부터 절대로, 파란색 코끼리를 생각하지 마라. 지금부터 이 파란 코끼리를 절대 생각하면 안 된다. 절대로!

어떤가? 아마 당신의 머릿속에는 파란색 코끼리가 자리를 잡았을 것이다. 이처럼 '뭔가를 하지 않겠어.'라는 생각은 오히려 그 뭔가를 계속 떠올리게 만든다. 그렇게 결국 그 행동을 다시 하게 될 것이다.

왜냐하면 이미 머릿속은 그 행동을 할 생각으로 가득 차있기 때문이다. 나부터가 그랬던 경험이 있다.

나는 고등학교 2학년 때까지 거의 리그 오브 레전드ROL 중독자였다. 교실 칠판이 소환사의 협곡 정글처럼 보였을 정도였으니 말이다. 그런데 놀랍게도, 대학에 들어가자마자 롤 중독은 완전히 사라지게 되었다. 당신은 아마 묻고 싶을 것이다.

"도대체 그 비결이 무엇이었나요?"

결론부터 말하자면 '롤보다 더 중요하고, 재밌는 게 생겨서'이다. 허무하게 들리겠지만 이게 중독 치료의 본질이라고 생각한다. 즉 무언가를 하지 않기 위해서는 결국 다른 '무언가를 해야만' 한다.

당신은 무엇에 집중하고 싶은가? 그것이 명확해질 때 당신의 중독 고민은 서서히 해결되기 시작할 것이다. 내가 중독 관련 답변을 줄 때 '무엇을 하고 싶은가?', '어떻게 살고 싶은가?'를 늘 함께 이야기 하는 이유가 여기에 있다.

4단계. 완전한 자유

1~3단계를 반복한다면 결국 4단계 완전한 자유를 경험하게 된다. '무엇을 하면 안 되는 삶'에서 '무언가를 하는 삶'으로 탈바꿈하게 되는 것이다. 물론 다시 그 행동을 하게 될 수도 있다. 하지만 통제 가능한 행동은 신경 쓰지 않아도 된다. 우리가 신경 써야 할 것은 통제 불가능한 상태이다.

지금까지 나쁜 습관과 중독 행동을 없애는 방법에 대해 알아보았다. 물론 나는 의사도 아니고 중독 행동 치료 전문가도 아니다. 하지만 자기계발을 교육하며 정말 많은 사람들이 중독과 나쁜 습관에 대해 고민하고 있다는 것을 알게 되었고, 이를 현장에서 함께 고민하며 많은 경험을 쌓을 수 있었다. 앞에서 설명한 '인정—파악—집중—완전한 자유'로 이어지는 해법은 그 결과물이라 할 수 있다.

정말 심각한 중독 증상은 전문가 상담을 통해 약물, 상담 치료 등을 병행해야 할 것이다. 하지만 그 정도로 심각한 수준이 아니라면, 지금까지 안내한 4단계가 당신에게 정말 큰 도움이 되어줄 것이다. 내가 한동안 게임에만 미쳐 지내다가 어느 날부터 더 이상 게임에 얽매이지 않게 되었듯이.

인생의 기회를 만드는 제안 기술 ·················

내적 동기(구체성, 성취감, 보상에 대한 기대감)와 물리적, 사회적 환경이 실행 여부를 결정짓는 핵심이고 그 밑바탕에 두려움이 자리 잡고 있다는 사실을 충분히 이해했을 것이다.

이 구도를 알면 사실 실행은 생각만큼 어려운 게 아닐 수도 있다. 반면에 그 결과는 뜻밖의 큰 성과로 되돌아오기도 한다. 나쁜 습관을 없애는 법에 이어 그 단적인 예를 하나 소개할 텐데, 바로 '제안하기'라는 스킬이다.

행운 마인드셋을 떠올려 보자. 행운 마인드셋의 핵심은 '어찌할 수 없는 영역은 낙관하고, 어찌할 수 있는 영역에서 최선을 다해 실천하자.'라는 이야기이다. 그렇게 했을 때 행운과 기회도 나에게 계속해서 다가오게 된다.

지금부터 설명하는 제안하기 스킬을 당신의 '어찌할 수 있는 영역'에 추가한다면 행운과 기회가 찾아올 확률은 10배 이상 높아질 것이다. '그런 방법이 과연 있을까?'라는 의문이 들 텐데, 나 역시 원하던 회사 취업에 성공하는 등 크나큰 기회를 얻은 경험이 여러 번 있다.

'제안하기'라는 스킬은 거창해 보이지만, 간단하다.

책을 내고 싶은 예비 작가를 떠올려 보자. 열심히 블로그나 브런치에 글을 쓰면서 자신의 글 솜씨를 지속적으로 온라인에 노출시킨다. 그렇게 시간이 흐르다 보면 출판사로부터 출간 제의가 올 수 있다.

그런데 이 예비 작가가 출판사들에게 역으로 제안을 한다면?

작가로 데뷔할 확률은 크게 높아질 것이다. 이는 기회가 오기를 기다리는 게 아니라, 기회를 스스로 만들어 내려는 행위이다. 이처럼 제안하기를 적극적으로 활용하면 성장 속도는 (내 생각에) 10배 이상 빨라지게 된다.

그렇다면 이 제안하기는 어떻게 하면 잘할 수 있을까?

나는 이기적인 마음 내려놓기가 가장 먼저라고 생각한다. 물론 이해한다. 제안이라는 것도 결국 나를 위해 하는 행동이다. 하지만 제안을 계획하고 실행할 때만큼은 나보다 상대를 먼저 생각해야 한다. 제안하기를 할 때 아래 4단계를 추천한다.

1 단계 ― 파악하기(이 글 끝에서 설명한다.)

2 단계 ― 종이 꺼내서 반으로 접기

3 단계 ― 한쪽에는 이 제안을 통해 '내가' 얻을 수 있는 것. 그리고 다른 한쪽에는 '상대가' 얻을 수 있는 것을 적어본다.

4 단계 ― 상대가 얻을 수 있는 것이 더 많거나(양), 더 강력할 때(질) 제안을 실행한다.

너무 간단하지 않은가? 제안하기는 이게 전부이다. 하지만 지금쯤 이런 생각이 들지도 모르겠다.

'아무리 생각해 봐도 상대가 얻을 수 있는 게 더 많이 나오지는 않

는데요?'

당신의 입장 위주로 생각하니까 그렇다. 앞에서 말하는 '얻을 것'이란 돈이나 지식, 인맥 같은 이성과 논리적 영역만 대상이 되는 게 아니다. 감정의 영역도 매우 큰 부분을 차지한다. 예를 들어 제안해오는 사람이 자신의 과거 모습을 보는 것 같거나(인간은 기본적으로 자신과 비슷한 처지의 사람을 돕고 싶어 한다.), 호기심 같은 감정을 유발한다면 사람의 마음은 움직인다.

그렇다고 감정에만 호소해서도 안 된다. 이성과 감정의 균형이 중요하다. 이를 위해 한 가지만 기억하자.

상대방에 대해 많이 알수록(상대의 현재 고민, 목표, 상황) 제안하기의 성공 확률은 높아진다.

어찌 보면 너무 당연한 말이다. 내가 줄 수 있는 것, 상대가 얻을 수 있다고 생각하는 것이 상대가 원하는 게 아니라면? 당연히 내 제안을 거절할 것이다. 그래서 나는 제안을 꼭 성공시키겠다는 결심을 하는 순간 그 사람의 모든 글, 영상, 책 등을 분석한다. 그렇게 상대가 '진짜 원하는 것'을 파악하려고 노력한다.(이게 제안하기의 1단계, 파악하기다.) 앞에서 설명한 4단계를 꼭 기억해서 당신의 기회를 스스로 만들어 보기 바란다.

실행력을 높이는 꿀팁, '블랙홀 포인트'

실행력을 높이는 또 하나의 꿀팁을 소개하겠다. 그 이름은 바로 '블랙홀 포인트'이다.

블랙홀이라는 단어를 들으면 어떤 말이 떠오르는가?

맞다. '빨려들어간다'라는 표현이 떠오를 것이다. 그래서 내가 말하는 블랙홀 포인트란 본격적인 실행으로 빨려들어가는 그 포인트 지점을 의미한다.

예를 들어 내가 이 책을 쓸 때도 가끔 '딱 10분만 쓰자.'라고 생각하며 타이머를 맞추고 책상 앞에 앉는다. 그리고 10분 타이머 알람이 울릴 때쯤 나는 이미 책 집필에 몰입되어 있다. 이는 아침에 일어나기 힘들 때나, 헬스장에 가기 귀찮을 때도 활용해볼 수 있다.

아침에 일어나면 정말 더 자고 싶을 때가 있다. 나는 그때마다 '일단 화장실에 가서 가글만 하자.'라고 스스로에게 말한다. 그렇게 소금물로 가글을 하고 나면 어느새 잠이 모두 깬다. 헬스장에 가기 귀찮을 때도 같은 방법을 쓴다. '딱 신발만 신자.' 혹은 '딱 헬스장까지만 가자.'라고 스스로에게 속삭인다. 물론 신발을 신거나 헬스장에 도착한 나는 결국 운동을 시작하게 된다.

여기서 '10분만 책을 쓰는 것', '소금물로 가글하는 것', '신발을 신거나 헬스장 앞까지 가는 것'이 내 행동의 블랙홀 포인트라고 할 수 있다.

당신도 종종 이 방법을 활용해 보기 바란다. 사람마다, 그리고 행동마다 포인트는 다르기에 직접 실천해 보며 데이터를 쌓아야 한다. 또한 주의사항이 하나 있다.

내적 동기 향상과 환경의 활용 없이, 이처럼 테크닉적인 방법만 쓰면 절대 오래가지 못한다. 블랙홀 포인트 방법에만 의존하면 어느새 익숙해져 포인트가 계속 뒤로 밀리게 될 것이다. 쉽게 말해 헬스장 앞까지 갔다가 진짜 다시 돌아오는 일이 생길지도 모른다.

그러니 꼭, 지금까지 배운 내적 동기와 환경을 중심에 두고, 이 블랙홀 포인트는 가끔만 활용하자. 당신은 이미 실행력을 높일 수 있는 모든 지식을 배웠다.

Chapter 5

지식은 어떻게
무기가 되는가

지식 습득을 대하는 태도

부지런한 삶을 뜻하는 '갓생', 그리고 '자기계발' 하면 어떤 이미지가 먼저 떠오르는가?

아마 책을 읽거나 강의를 들으며 열심히 필기하고 있는, 뭔가를 열정적으로 배우고 있는 사람의 모습이 떠오를 것 같다. 지금 이 순간에도 SNS에는 수백, 수천의 독서 인증샷, 강의 인증샷이 끊이지 않는다. 나는 그들을 보며 정말 대단하고 멋지다고 느끼지만, 한편으로 우려스러운 부분도 있는 게 사실이다.

바로 강의와 책 중독, 즉 '지식 중독'이다.

"하다 하다 이제 지식 중독까지 있나요? 아는 게 힘인데, 공부하면 좋은 거죠."라고 생각할 수 있다. 물론 기본적으로는 동의한다. 하지만 원하는 삶과 닮아가는 과정이라는 자기계발의 측면에서 보자면, 지식만 쌓는 행위는 성장 속도를 현저히 둔화시킨다.

〈자기계발의 지도〉를 다시 보자. 목표, 실행, 지식이 마치 몸에서 혈액 순환이 이루어지듯 꾸준히 순환되어야 한다. 하지만 지식 중독에 빠진 사람들을 보면 아래 그림처럼 삼각형의 왼쪽에서 혈관이 막혀버린 것 같다.

그렇다면 우리가 지식 중독에 빠지는 이유는 무엇일까?

지식을 배우고 정리하는 행위가 너무 재밌고 흥미로워서일까? 대부분의 경우는 아니다. 중독의 가장 본질적인 원인은 '회피'와 '도피'인 경우가 많다. 지식 중독에 빠지는 것도 같은 이유이다.

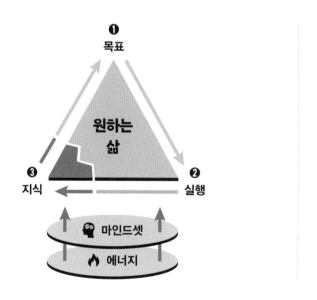

'실행으로부터의 도피'

이전 장에서 우리가 실행을 어려워하는 이유는 실행에서 따라오는 자기 객관화를 두려워하기 때문이라고 이야기했다. 그리고 이러한 사람들이 도피하는 곳이 바로 지식과 배움이다.

"일단 이 책부터 읽고 강의도 좀 더 들어보고."

"우선 자격증 몇 개만 더 따고."

이처럼 갖은 핑계를 대며 실행을 회피한다. 실행보다는 지식을 채우는 게 더 편하고 쉽기 때문에 당연한 현상이라고도 할 수 있다.

지금까지 지식에 대해 너무 부정적으로 이야기한 듯한데, 오해가 없기를 바란다. 지식은 우리에게 꼭 필요하다. 지식 없이 실행만 하는 것도 성장의 둔화, 혹은 그 이상의 큰 위험을 초래할 수 있다. 사업이나 투자에서는 더더욱 그렇다.

만약 당신이 주식 투자를 위해 계좌를 개설하고, 주식책 몇 권을 읽고, 주식 관련 영상 강의도 이것저것 보았다고 하자. 투자금도 꽤 준비되었고, 주식 투자를 오래 한 지인이 몇몇 유망 종목을 찍어 주기까지 했다. 그러면 이 사람은 이제 공부는 접어두고 한시라도 빨리 주식 직접 투자를 실행하는 게 맞을까?

아무리 지식을 쌓아도 직접 내 돈을 넣어서 잃거나 벌어 보지 않으면 배울 수 없는 것들이 있다. 그런 측면에서 '충분히 감당이 되는' 소액 투자라면 최소한의 공부 후 실행을 통해 투자 경험을 쌓아가는 게 바람직하다. 한편으로 실전에서 잘 적응하면 되지 투자 지식은 이제 충분하다고 생각한다면 이는 오산일 가능성이 대단히 크다.

해당 분야의 지식이 충분한지 여부는 본인이 판단할 수밖에 없는데, 아래는 그 하나의 척도가 될 수 있다.

'내가 뭘 모르는지 모르겠다.'

지식 습득은 내가 무엇을 모르는지 알아가는 과정이기도 하다. 주식 투자의 법칙 중 가장 기본은 주가가 기업 실적의 그림자라는 사실을 이해하고 '쌀 때 사서 비쌀 때 파는' 것이다. 그 지점을 정확히 알 수 없으니까 '무릎에서 사서 어깨에서 팔라.'고 하고, 그럼에도 리스크가 상당하니까 '계란을 한 바구니에 담지 말라.'라고 조언한다. 그런데 나는 이들 지침의 핵심을 이렇게 생각한다.

'왜 그 가격이 싸고 비싼지를 스스로 판단할 수 있어야 한다.'

주식 투자에서 지식 습득을 쉬이 그만둘 수 없는 이유이다. 해당 종목의 가격을 판단하는 요인은 사업의 수익성, 재무 상태, 각종 투자 지표, 시장 흐름 등 내가 잘 모르거나 잘 모르는지도 모를 내용이 결코 적지 않기 때문이다.

부동산 투자나 하다못해 전셋집을 알아볼 때에도 지식 습득은 필수라고 할 수 있다. 매매든 임차든 대출을 활용하든 아니든 자본주의 사회에서 목돈이 묶이는 모든 행위는 그 자체로 손실, 아니면 수익으로 이어지기 때문이다.(인플레이션 상황에서는 현금으로 들고 있어도 손실이다.) 게다가 뉴스에서 간간이 들리는 기획부동산, 전월세 사기, 세입자의 대항력 상실 등의 날벼락이 나를 피해 간다는 보장은 어디에도 없다.

개인적으로는 결혼 준비를 하면서 지식의 소중함을 새삼 느끼기도 했다. 결혼이 처음이다 보니 어디서 비용을 아껴야 할지, 어떤 업체가 가성비가 좋은지 전혀 모른다. "누구나 다 이 정도는 해요."라는 한마디에 그런가 보다며 카드를 건네게 되는 식이다.

이처럼 아는 것은 힘이다. 지식을 많이 쌓을수록 더 많은 것들이 보이고, 그에 따른 리스크도 방지할 수 있다. 특히 정보의 비대칭성이 강한 영역일수록 지식은 매우 큰 힘, 혹은 '돈'이 된다.

이제 이야기를 되돌려서 정리하자. 지식이 있고 없고의 차이는 정말 크다. 하지만 삶의 성장, 목표 달성의 측면에서는 지식 습득이 과하면 오히려 걸림돌이 된다. 지식 중독에 빠질 우려가 있기 때문이다. 지식 중독은 실행으로부터 도피를 초래하고, 이는 자기계발의 지도 실전 삼각형의 선순환을 방해하여 나의 성장을 가로막는다.

그렇다면 우리는 도대체 어떻게 해야 할까?

내가 추천하는 것은 이렇다. 만약 리스크가 큰(소중한 것을 잃을 수 있거나, 두 번의 기회가 주어지지 않거나) 실행은 리스크를 방지할 수 있는 최소한의 지식을 먼저 쌓고 실행하자. 하지만 그렇지 않은 실행은 실행을 먼저 한 다음에 지식을 채워 넣자.

가장 단적인 예가 유튜브다. 유튜브 영상을 올려 조회수가 잘 나오지 않았을 때 잃는 건 그 영상을 만든 시간뿐이다.(따지고 보면 경험과 실력이 늘었다.) 조회수 100도 안 나오는 영상을 왜 만들었냐며 누군가가 따지는 일도 없다. 그러면서 기회는 계속 주어진다. 조회수가 안 나온다고 영상 제작의 기회가 박탈되는 것은 아니다.

유튜브를 예로 들었지만, 최근 온라인의 시대가 활짝 열리면서 많은 도전들의 리스크가 낮아졌다. 그렇기에 '선실행주의'를 기반으로 자기계발을 하되, 리스크가 큰 실행은 필요한 지식을 최소한으로 갖춘 뒤 바로 실행한다는 태도를 갖도록 하자.

당신은 어떤 사람인가?

실행에만 집중해서 지식을 채울 시간이 없는 사람인가? 아니면 지식만 채우느라 실행할 용기를 내지 못하고 있는 사람인가?

내가 정말 좋아하는 문장으로 첫 글을 마무리해보려 한다.

"도망쳐서 도착한 곳에 낙원은 없다."

어떻게 하면 지혜로울 수 있을까?

우리는 인류 역사상 정보에 가장 접근하기 쉬운 시대에 살아가고 있다. 구글, 네이버, 유튜브 등 검색만 하면 거의 모든 정보를 찾을 수 있게 되었고, 이는 챗GPT의 등장으로 더욱 가속화되었다. 우리는 마음만 먹으면 그 어떤 지식이든 알 수 있다.

그런데 이상하다. 뉴스나 다큐멘터리를 보다 보면 사람들의 문해력이 떨어지고 있다, 뇌가 망가지고 있다, 사람들이 생각을 하지 않는다는 이야기들이 들려온다. 이는 알고자 하면 모르는 게 없고, 모를 수가 없는 현대인에게는 어울리지 않는 표현이다. 도대체 우리에게 어떤 일이 벌어지고 있는 걸까?

'정보의 바다'라는 말이 있다. 예전에 인터넷이 처음 등장했을 때

많은 사람들이 정보의 바다라고 표현했다. 그만큼 인터넷에는 한없는 정보가 담겨 있다는 의미이다. 그리고 시간이 흐르며 정보의 바다라는 말보다 이 표현이 더욱 많아졌다. '정보의 홍수.' 퍼스널 컴퓨터와 스마트폰의 보급으로 인터넷 접근이 더욱 편리해지면서 정보가 인터넷상에 쏟아지게 된 것이다.

지식을 농작물에 비유해 보자. 비는 정보다.

비가 적절히 내리면 농작물이 자라는 데에 좋은 영향을 준다. 햇볕도 쬐고 비도 맞으면서 우리의 농작물, 즉 지식은 무럭무럭 자라난다. 그런데 햇빛을 전혀 보지 않고 비만 맞으면 어떻게 될까? 농작물은 완전히 망가지게 될 것이다.

정보는 생각하기, 글로 정리하기, 설명해 보기를 통해 지식으로 발전한다. 그리고 그 지식은 행동의 반복을 통해 나만의 지혜가 된다.

방금 언급한 생각하기, 글로 정리하기, 설명해 보기가 햇빛이라고 할 수 있다. 햇빛 없이 비(정보)만 쏟아지면 토양(뇌)과 농작물(지식)은 망가질 수밖에 없다.

현대 사회를 살아가는 사람들은 대부분 매우 똑똑하다. 그러면서 동시에 멍청하다. 일단, 정보의 홍수 속에서 헤엄치고 있기 때문에 아는 게 참 많다. 행여 모르는 게 있어도 스마트폰으로 1분이면 답을 찾을 수 있다. 이처럼 아는 것도 많고 뭐든 쉽게 알아낼 수 있지만, 안타깝게도 제대로 아는 건 드물다. 안다고 착각만 하고 있을 뿐이다. 우리는 정보를 조금이라도 접하게 되면 그 순간부터 안다는 착각에 빠진다. 그 결과 정보를 자신의 삶에 적용하기는커녕 한번 설명해 보라고 하면 횡설수설대기 일쑤이다.

그렇다면 도대체 어떻게 해야 진짜 똑똑해지고 지혜로워질 수 있을까? 방법은 간단하다. 딱 4단계만 기억하면 된다.

1단계. 내게 필요한 정보가 무엇인지 생각한다.

2단계. 내게 필요한 정보만 찾아본다.

3단계. 찾은 정보를 글로 정리한다. 설명해보면 더욱 좋다.

4단계. 해당 지식을 내 삶에 적용해 나만의 스타일을 입힌다.

정보에서 지혜를 얻는 법 ------------------------------

1단계. 내게 필요한 정보가 무엇인지 생각한다.

나에게 필요한 정보가 무엇인지 알기 위해서는 나만의 목표가 명확해야 하고 그것을 조금이라도 실행해 봐야 한다. 나는 이것을 '지식 갈증'이라고 부른다.

지식 갈증이 없는 상태로 아무리 물을 마셔봐야 소변으로 배출될 뿐이다. 목표와 실행을 통해서 지식 갈증, 즉 궁금증을 만들어야 내게 필요한 정보가 무엇인지 명확히 알 수 있다. 그렇지 않으면 모든 정보를 알아야만 할 것 같은 정보 강박에 빠지기 쉽다. 내가 지식을 목표와 실행 이후에 설명하는 이유도 여기에 있다.

2단계. 내게 필요한 정보만 찾아본다.

나에게 필요한 정보가 무엇인지 알았다면 이제 그것을 찾아볼 차례이다. 나는 이전에 구글, 네이버, 유튜브 검색에서 주로 정보를 얻었지만, 요즘은 챗GPT를 자주 활용한다. 물론 깊이 있는 생각이 필요한 정보는 꼭 책으로 찾아보고, 이론보다 실전과 현장 경험이 중요한 분야는 사람을 만나서 직접 물어보거나 관찰하는 편이다. 요컨대 유튜브, 구글, 네이버, 챗GPT, 책, 강의, 컨설팅 등 이 모든 것들은 정보를 취득하기 위한 하나의 수단일 뿐이다.

3단계. 찾은 정보를 글로 정리한다. 설명해보면 더욱 좋다.

나는 무언가가 이해되지 않으면 집에서 혼자 강연하듯이 그 개념을 말로 설명해 보곤 한다. 조금 민망하지만 실제로 그렇다. 이렇게 하면 자연스럽게 생각 정리가 되면서 놓쳤던 부분을 파악할 수 있게 된다. 이런 말이 있다.

'설명하지 못하는 지식은 진짜 내 지식이 아니다.'

여기에 전적으로 동의한다. 말이든 글이든 설명할 수 있어야 진짜 내 지식이라고 할 수 있다. 그래서 내가 추천하는 것은 정보를 얻었다면 꼭 그것을 글로 써보는 것이다. 글을 쓰라는 게 딱딱한 칼럼을 작성하라는 게 아니다. 그냥 정보를 보기 좋게 정리하면서 자신만의 생각을 붙여 보는 것이다. 예를 들어 다음과 같다.

자기계발은 원하는 삶과 닮아가는 과정이라고 한다. 단어로 이해해 보자면 원하는 삶이 자기계발의 '자기', 닮아가는 과정이 '계발'에 해당한다. 나는 지금까지 자기 없는 계발을 하고 있었던 것 같다. 앞으로는 맹목적으로 새벽 기상을 하거나 책을 읽지는 않아야겠다. 일단 내가 원하는 삶을 13가지 질문들과 함께 정리해 보고 거기에 맞는 자기계발 수단과 정보를 찾아보자.

이 책의 내용도 내게는 지식이지만, 당신에게는 아직 정보에 불과하다. 유튜브, 블로그, 강의 콘텐츠도 모두 마찬가지다. 이것들을 당신의 지식, 그리고 지혜로 만들어야 한다.

이를 위해 첫 번째로 해야 할 일은 당신의 블로그나 인스타그램, 혹은 개인 노트에 이 책의 내용을 가볍게 정리해 보는 것이다. 하루에 한 챕터씩 느긋하게 정리해도 좋다. 그렇게 모든 내용의 정리가 끝나면 이 책은 당신의 지식이 될 것이다.

4단계. 해당 지식을 내 삶에 적용해 나만의 스타일을 입힌다.

이제 정보를 넘어 지식이 되었다. 이것을 지혜로 만들기 위해서는 직접 실행해 봐야 한다. 그래야 지식에 당신만의 스타일이 묻어 나오기 때문이다. 나도 만약 수많은 자기계발서를 직접 실행해 보며 나만의 지혜로 만들지 않았다면, 이처럼 다양한 이론을 만들어내거나 예시로 들 수는 없었을 것이다. 그냥 다른 책과 똑같은 이야기만 반복했을 게 뻔하다.

예를 들어, 당신이 마케팅 강의를 들었다고 해보자. 강사에게 들은 정보를 글쓰기와 설명해 보기를 통해 당신의 지식으로 정리했다. 하지만 이 지식을 당신만의 것으로 만들기 위해서는 실행을 통해 당신의 스타일을 입혀야 한다. 똑같은 마네킹에 다양한 옷을 입히듯이 말이다. 이로써 당신만의 마케팅 스타일이 나오게 된다. 동시에 누구도 빼앗아갈 수 없는 당신만의 마케팅 지혜가 된다.

이번 항목에서 배운 내용을 정리해 보자.

우리는 정보의 홍수 속에서 살아가고 있다. 홍수 피해를 막기 위해서는 나에게 필요한 정보만 취할 수 있어야 한다. 이를 위해 4단계를 기억하면 된다. 그 4단계는,

내게 필요한 정보가 무엇인지 생각하는 단계,

그 정보를 취득하는 단계,

정보를 지식으로 만드는 단계,

지식을 지혜로 만드는 단계로 구성되어 있다.

꼭 기억하자. 정리되지 않은 지식은 행동으로 이어지지 않고, 실행이 우리를 더욱 지혜롭게 해준다.

글쓰기 천재가 되는 3단계

1장에서 고백했듯이 내 학창 시절의 가장 큰 결핍은 성적이었다. 정말 공부를 못했다. 아이큐도 109 정도로 매우 평범하다. 그런데 어떻게 이런 사람이 한 분야에 대해 연구하고, 책을 쓰며 누군가를 교육하는 일을 하고 있는 걸까?

나는 무조건 '글쓰기' 덕분이라고 생각한다.

암기력이 좋은 편도 아니고 어려운 수학 문제를 멋들어지게 풀어내는 재주도 내게는 없다. 머리가 똑똑하지도 않다는 점은 서두에 말했다. 하지만 내가 유일하게 자신 있는 게 있다.

바로 정보를 지식으로 바꾸는 능력이다. 정보를 지식으로 바꾸는 것을 계속해서 연습하고 시도하니 내 분야에서만큼은 많은 지식과 통찰이 생기게 되었다.

글쓰기는 정보를 지식으로 바꾸는 데에 가장 핵심적인 방법이다. 왜냐하면 이전 항목에서 언급한 '생각', '정리', '설명', 이 세 가지를 동시에 할 수 있는 유일한 행위이기 때문이다.

쉬운 예로 널브러진 옷과 양말, 캔맥주와 콜라, 먹다 남은 음식과 읽다가 던져 놓은 책 등으로 어질러진 방이 있다고 해보자. 거의 발 디딜 틈이 없다. 하지만 마음먹고 주말 3시간 정도를 투자해 청소한다면? 책은 책대로, 옷은 옷대로 제자리를 찾아갈 것이다. 그리고 이전보다 훨씬 넓어진 방을 맞이하게 될 것이다.

갑자기 방 청소를 예로 든 이유는 무엇일까? 바로 이 방을 당신의 뇌, 청소를 글쓰기라고 생각하면 이해하기 쉽기 때문이다.

글쓰기는 하나의 생각 정리 수단이다. 다시 말해, 잡다한 지식과 정보로 흐트러진 당신의 뇌를 정리해 준다. 글을 쓰면 학습력이 좋아지고 통찰력이 생기는 이유도, 발 디딜 틈 없는 어지러운 방에서 넓은 방으로 공간이 넓어지는 이치와 같다. 생각이 정리될 때 그 사이로 다양한 아이디어가 들어올 수 있고, 차분하며 깊은 사고도 가능해지기 때문이다.

"코치님. 글쓰기가 자기계발에 좋다는 건 알고 있어요. 요즘 여기저기서 이야기하니까요. 그런데 도대체 어떻게 글을 써야 할지 모르겠어요. 어떻게 연습하면 좋을까요?"

지금부터 이 질문에 대한 답을 모두 공개하겠다.

글쓰기 훈련에는 총 세 가지의 단계가 존재한다. 1단계부터 천천히 연습한다면 당신의 학습 능력과 통찰력은 정말 몰라보게 좋아질 것이다. 기대해도 좋다.

1단계 – 메모 ---

처음부터 어려운 글을 쓰려 하지 말자. 일단 처음에는 자신의 생각이나 아이디어, 하루 일정, 책이나 강의를 듣다가 배운 지식 등을 메모하고 정리하는 습관부터 들이는 게 좋다. 길을 걷다가 좋은 생각이 떠오르면 스마트폰 메모장이나 노트에 메모해 보자. 또한 하루를 시작하기 전, 혹은 시작하기 전날 밤에 그날 해야 할 일과 우선순위를 메모한다. 책을 읽을 때도 책 내용을 간단한 메모로 정리하며 읽는 습관을 들이면 좋다.

전문가 수준의 칼럼을 흉내라도 내야 꼭 글이 되는 것은 아니다. 그냥 가볍게 2~3주 정도는 메모만 해보자. 어느새 자신의 생각을 기록하는 게 자연스러워질 것이다. 축하한다. 2주 만에 글쓰기라는 행위와 친해졌다.

2단계 — 내적 글쓰기 --------------------------------------

   메모가 어느 정도 습관으로 자리 잡았다면 다음 단계는 바로 '내적 글쓰기'이다. 겁먹을 필요 없다. 일기 쓰기, 관조 글쓰기도 모두 내적 글쓰기라고 할 수 있다.

   내적 글쓰기란 자신의 생각을 글로 정리하는 것을 말한다.

   현재 본인의 감정이 매우 혼란스럽다면 왜 혼란스러운지 글로 차분하게 적어 보자. 너무 행복하다면 그 이유를 적어도 좋다. 내가 자주 사용하는 방법은 꾸준한 관조 글쓰기와, 책이나 강의에서 배운 내용을 논리정연하게 정리해 보는 것이다. 매일 같은 주제로 쓸 필요도 없다. 글쓰기의 목적은 생각 정리이니 자신이 현재 하고 있는 생각을 정리하면 된다. 다만, 정리할 생각이란 게 매일 생성되기 위해서는 매일 독서하는 습관을 가지는 게 좋다. 독서와 글쓰기는 이렇게 맞물려서 돌아간다.

   내적 글쓰기부터는 블로그나 인스타그램, 네이버 카페 등 타인이 내 글을 볼 수 있는 환경에서 글을 쓰는 게 더욱 효과가 좋다. 왜냐하면 우리는 타인이 볼 수 있는 글이라는 걸 의식해서 계속 논리정연함을 체크하기 때문이다. 어차피 방(뇌)을 정리하는 거라면 체계적이고 논리적으로 정리하는 게 훨씬 도움이 된다.

   논리적인 글쓰기라는 것도 방법 자체는 간단하다.

   주장(what) — 근거(why) — 해결책 및 결론(how) 순서대로 글을 써

보는 연습을 하면 금방 익숙해질 것이다. 맞다. 바로 관조 글쓰기의 흐름이다!

내적 글쓰기가 어느 정도 습관으로 자리 잡았으면 이제는 마지막, 외적 글쓰기에 도전할 차례이다. 메모와 내적 글쓰기의 목적은 생각 정리가 100%이지만, 외적 글쓰기는 생각 정리 50% 그리고 정보 전달이 50%이다. 그런데 가장 완벽한 생각 정리는 외적 글쓰기에서 이루어진다. '가르치면서 배운다.'라는 말이 여기서 나온다. 그 이유를 지금부터 살펴보자.

3단계 – 외적 글쓰기

외적 글쓰기도 어려울 것 없다. '설명하는 글쓰기'라고 이해하면 쉽다. 저자인 내가 지금 쓰고 있는 이 글, 그리고 매일 블로그에 쓰는 칼럼 등이 모두 외적 글쓰기에 속한다. 내 생각을 정리하는 것과 동시에 타인에게 나의 지식, 경험을 공유하고 설명하는 역할을 하기 때문이다. 발표를 위해 쓰는 대본 역시 외적 글쓰기이다.

외적 글쓰기 실력은 두 가지가 좌우한다. 하나는 메모와 내적 글쓰기를 통해 단련된 생각 정리 능력이고, 다른 하나는 타인의 피드백을 받아본 횟수이다.

글쓰기 실력은 무조건 타인의 피드백을 받으면서 상승한다.

외적 글쓰기를 처음 할 때 사람들이 흔히 하는 실수가 있다. 바로 '지식의 저주'에 빠지는 것이다. 지식의 저주란 내가 알고 있는 지식을 남들도 당연히 알 거라고 생각해 설명을 생략하면서 소통에 문제가 생기는 경우를 말한다. 사람은 뭔가를 알고 나면 그것을 알지 못한다는 게 어떤 느낌인지를 떠올리기 어렵기 때문에 "아니, 그것도 몰라?"라는 식으로 반응한다는 것이다. 한편으로 지적 허영심도 쉬운 글쓰기를 가로막는 한 요인이 된다. 전문 용어를 남용하거나 어설프게 아는 척하는 경우가 이에 해당한다.

지식의 저주와 지적 허영심을 피하려면 상대의 피드백만큼 좋은 게 없다. 상대방 다수가 '무슨 소리를 하는지 모르겠고 글이 잘 읽히지도 않는다.'라고 하는데, 그게 좋은 글이 될 리는 없으니까 말이다.

모든 지식은 타인에게 설명할 때 비로소 체계화된다.

그래서 '설명할 수 없는 지식은 제대로 아는 게 아니다.'라고 하는 것이다. 책을 읽었다면 그 내용을 사람들에게 설명하는 글을 작성해 보자. 정말 놀라운 경험을 하게 될 것이다.

설명을 하는 것은 상대방에게 정보를 전달하기 위해서인데, 가장 성장하는 것은 내 자신이라는 걸 느낄 것이기 때문이다. 왜냐하면 외적 글쓰기는 계속 남들을 의식하며 쓸 수밖에 없기에 더욱 몰입 상태에 들어가게 되고, 그 과정에서 다양한 아이디어 발상과 사고 체계화가 이루어지는 것이다. 내가 이 책을 쓰는 이유도 그렇다. 책을 읽고 사람들이 자기계발을 보다 효율적으로 해나갔으면 하는 마음이 가장 크지만, 나의 성장을 염두에 둔 측면도 있다.

자, 지금까지 글쓰기 훈련의 3단계를 살펴봤다. 이 3단계는 반복 훈련되어야 하는 사이클이다. 계속해서 1~3단계를 반복해야 하는 것이다. 그렇게 시간이 지나면 어느 순간에 메모와 내적 글쓰기를 습관으로 장착한 자신을 발견할 것이고, 외적 글쓰기를 통해 스피치나 설득까지도 수월하게 해내는 수준에 다다른다. 말하는 실력도 결국 글쓰기 실력에서 나오기 때문이다.

글쓰기는 정보를 지식으로 바꾸는 최고의 방법이자, 업무 및 사회적 역량의 하나로도 평가받고 있다. 사람들에게 영향을 미치는 스킬이라는 것이다. 실제로 보고서 잘 쓰는 사람이 일도 잘한다고 여겨지고, 취미 삼아 써내려간 블로그 글이 인플루언서를 만들어주며 수익화로도 이어지는 세상이다.

여태 막연하게 느꼈을 글쓰기에 대해 이 3단계 훈련이 '해볼 만하다'라는 용기를 주었으면 좋겠다. 그렇게 글쓰기의 효용에 눈을 뜬다면 당신의 성장에 상당한 가속도가 붙을 것이다. 장담한다.

내가 발견한 최고의 독서법

'자기계발' 하면 대개 독서를 먼저 떠올릴 만큼 책은 원하는 삶과 닮아가는 과정에서 훌륭한 길잡이 역할을 해준다. 하지만 최근 통계에 따르면 우리나라 성인 10명 중 6명은 1년에 책을 단 한 권도 읽지 않는다고 한다. 이게 어찌된 일일까?

나는 이 두 가지 원인이 가장 크다고 생각한다.

첫째, 책 말고도 정보를 얻을 수 있는 수단이 대단히 많아졌다.

둘째, 도저히 책에 집중할 수가 없게 되었다.

앞에서도 언급했듯이 책이란 정보를 얻는 하나의 수단일 뿐이다.(취미로 독서하는 경우를 제외하자면) 그런데 오늘날 책 외에도 정보를 얻을 수 있는 통로가 무척 다양해졌다. 한편으로 매우 짧은 숏폼 콘텐츠가 등장해 일반적인 영상 콘텐츠는 물론 종이책도 더욱 구석으로 내몰고 있다. 단순히 텍스트에서 디지털 정보로 갈아타는 거라면 그런가 보다며 받아들이면 된다. 하지만 우리의 집중력과 독해력, 그리고 사고력까지 덩달아 떨어지니까 문제다. 우리는 점점 책을 읽어내기 어려운 상황으로 나아가고 있다.

실제로 몇몇 분들이 내게 이런 질문을 했었다.

"굳이 책으로 정보를 얻어야 하는 이유가 있나요? 영상으로 보면 더 쉽고 편하게 알 수 있잖아요."

틀린 말은 아니다. 더 쉽고 편한 게 사실이고, 더 재미있게 편집되어 있기까지 하다. 최신성이 중요하고 크게 생각하지 않아도 바로 적용할 수 있는 정보라면 그 같은 영상으로 접해도 충분하다. 하지만 본질적이고 깊은 생각이 필요한 분야의 정보는 책으로 얻는 것이 압도적으로 유리하다.

우리는 영상을 볼 때 딱히 생각을 하지 않는다. 그냥 계속 수동적으로 정보를 받아들일 뿐이다. 편하게 보거나 듣고만 있으면 알아서 다 설명해주기 때문이다. 반면에 책은 직접 읽어야 한다. 내가 직접 생각하면서 읽지 않으면 그냥 흰 바탕에 검은 글씨일 뿐이다. 읽으면서 생각한다는 것, 정보를 나만의 지식과 지혜로 만드는 데에 그 어떤 수단보다도 효과적인 이유다. 정보를 얻고 생각하는 과정이 밀접하게 연결되어 있기 때문이다.

나 역시 책을 읽다가 갑자기 사색에 빠질 때가 있다. 방금 읽은 글귀가 너무나 인상 깊었다거나, 좀 더 깊은 이해가 필요하다고 느낄 때 읽기를 멈추고 생각에 빠지곤 한다. 사람들이 독서를 강조하는 이유가 여기에 있다. 정보를 지식과 지혜로 넘겨서 쌓기에 이만큼 수월한 수단이 없기 때문이다.

물론 모든 정보를 책으로 얻을 필요는 없다. 영상 콘텐츠로도 충분히 좋은 정보를 쉽고 빠르게 얻을 수 있다. 다만 이때는 영상이 끝나면(정보를 얻는 과정이 끝나면) 글쓰기를 통해 내용을 정리해 보자. 똑똑한 영상 콘텐츠 소비자가 되는 지름길이다.

지금까지 독서를 어떻게 바라봐야 하는지에 대해 알아보았다.

이제는 본격적으로 '어떻게 독서해야 하는가'에 대한 이야기를 해보려 한다. 어떻게 하면 독서를 가장 효율적으로 할 수 있을까? 나는 한 문장만 이해하면 끝이라고 생각한다.

"독서는 저자와의 대화다."

독서라는 행위는 저자와 대화하는 일련의 과정이다.

만약 부동산 투자에 대한 책을 읽고 있다면 당신은 책의 저자에게 "부동산 투자는 어떻게 하면 잘할 수 있나요?"라는 질문을 던진 것이고, 책에 적혀 있는 글자들이 그 대답에 해당한다. 쉽게 말해 책의 주제가 대화 주제, 목차는 대화의 순서라고 할 수 있다. 이렇게 독서를 저자와 대화하는 행위로 이해하고 나면 모든 게 명확해진다.

이제 사람들이 독서에 대해 궁금해하는 내용들을 책 선정과 효율적으로 읽기, 책과 친해지는 법 중심으로 하나씩 살펴보자.

1) 어떤 책을 골라야 하나요?

당신의 질문에 대답해줄 수 있는 책을 골라야 한다.

이를 위해서는 두 가지가 필요한데, 첫 번째는 당신의 질문이다. 현재 당신은 어떤 질문을 갖고 살아가고 있는가? 지금 하고 있는 가장 큰 고민은 무엇인가? 이게 먼저 정립되어야 한다.

두 번째는 거기에 답을 줄 수 있는 책이다. 답을 주지 못하거나, 답을 주더라도 너무 어렵게 설명하는 책은 피해야 한다. 요컨대 당신의 질문이 있어야 대화가 시작되고, 책이 거기에 맞는 답을 줄 수 있어야 대화가 진행될 수 있다.

예를 들어 옆 반 민지라는 친구를 좋아하는 중학생 철수가 있다고 해보자. 철수는 쉬는 시간마다 민지의 마음을 사로잡기 위해 애쓰고 있다. 그렇다면 지금 철수의 가장 큰 질문은 무엇일까? 바로 '어떻게 하면 민지의 마음을 사로잡을 수 있을까'일 것이다. 좀 더 본질적으로 들어가면 '여자의 마음을 사로잡기 위해 남자는 어떻게 행동해야 하는가'라는 고민이다. 아마 철수에게 다가가 "여자 마음 얻는 법을 알려줄까?"라고 말하면 철수는 눈이 동그래져서 "네, 제발요!"라고 대답할 것이다. 그런데 철수에게 심리학 대학원에서나 배울 법한 어휘를 써가며 여자 심리에 대해 설명한다면 어떻게 될까? 아무리 관심 있는 주제라고 할지라도 철수는 연신 하품만 할 것이다.

이상의 이해를 바탕으로 책 선정 요령을 정리하자면 이렇다.

베스트셀러, 스테디셀러, 인플루언서 추천 책. 이런 것들은 다른 사람들에게 베스트이지 당신에게 베스트는 아니다. 무엇보다 당신이 던지고 싶은 질문을 먼저 정하라. 그런 후에 오프라인 서점이나 도서관에 가서 그 질문에 답을 줄 수 있는 책들을 5~10권 정도 골라 보자. 이제 한 권씩 책을 펼쳐 보며 정말 당신의 질문에 답해줄 수 있을지, 그리고 나의 독해 수준에 맞는지 확인하면 된다. 이렇게 했는데도 잘 모르겠다면 그때는 다른 사람들의 추천을 참고할 수 있다.

내가 책 추천을 선뜻 하기 어려운 이유가 여기에 있다. 그 사람의 관심사, 질문, 독해력 수준을 모르면 책 추천은 의미가 없다. 그러니 당신도 꼭! 당신의 질문과 독해력에 맞는 책을 직접 고르기 바란다.

2) 어떻게 읽어야 하나요?

이 역시 대화와 같다고 보면 된다.

일단 당신의 질문으로 대화가 시작된다.(책이 실제 사람은 아니라서 내가 먼저 질문을 던져야 한다.) 나는 책을 직접 구입해서 읽는 편이다. 그 이유는 책 앞에 '내가 이 책에 던지고 싶은 질문'을 꼭 먼저 적기 때문이다. 이렇게 하지 않으면 독서를 위한 독서가 될 우려가 크다. 독서를 위한 독서는 독해력 향상에는 도움이 되겠지만, 자신의 목표를 달성하기 위해 정보를 얻는 수단으로서는 의미가 거의 없다.

독서를 시작하기 전, 본문 앞의 면지 혹은 독서 노트에 이 책을 읽는 이유를 적어 보자. 그 이유는 바로 당신이 이 책에 던지는 질문이 될 것이다. 질문은 한 가지일 수도, 여러 가지일 수도 있다. 이후 책을 읽으며 그 질문에 대한 답을 얻었다면 미리 적어둔 질문 아래에 아래처럼 정리한다.

질문 1. 부동산 투자 중 내게 맞는 투자 방법은 무엇일까?
: 현재 나는 안정적인 수입이 있고 젊으므로 수익형 오피스텔보다는 시세차익을 위한 역세권 소형아파트, 중장기 투자가 낫다.

이런 식으로 질문에 대한 답이 모두 해결되었다면 그만 읽어도 된다. 하지만 읽으면서 또 다른 질문이 생겼거나, 질문에 대한 대답이 완전히 해결되지 않았다면 계속 읽어 내려간다. 독서 전 미리 목차를 살피면 질문에 대한 답을 찾는 시행착오를 줄일 수 있어서 좋다. 답이 어디쯤 있을지 가늠이 되기 때문이다.

그렇게 모든 대화가 마무리되면 한 번 더 나의 질문과 책의 답변을 글로 정리하면서 새로 생긴 질문, 해결하지 못한 질문, 책의 답변 중 어떤 것을 어떻게 적용하면 좋을지를 차분히 고민해 보는 시간을 갖는다. 이것이 독서를 가장 효율적이고도 생산적으로 하는 방법이다. 아직 감이 잡히지 않아도 괜찮다. 이 글 마지막에 독서록 템플릿을 남길 테니 참고하면 된다.

3) 속독으로 빠르게 읽는 게 나을까요?

나는 자연스러운 속독을 추천한다. 자연스러운 속독이란 해당 분야에 대한 배경 지식이 쌓여 빠르게 해석되고 읽히는 것을 말한다. 속독을 하나의 독서 스킬처럼 교육하는 분들도 있는데, 나는 그런 방식을 추천하지는 않는다.

독서의 본질은 지금까지 이야기한 '저자와의 대화'이다. 대화를 빠르게 하면 물론 시간을 절약하는 데에 도움이 되겠지만, 질문과 대답을 음미하고 사색할 수 있는 기회를 잃어버릴 수도 있다. 어차피 독서를 꾸준히 하다 보면 독해력은 물론 읽는 속도도 저절로 빨라지는 법이다. 이는 속독 테크닉을 배워서가 아니라 배경 지식과 독해력이 향상되어 자연스럽게 따라오는 결과이다.

그래도 아쉬운 분들을 위해 '결과적으로' 훨씬 빠르게 읽는 방법이 있기는 하다.

두꺼운 책들은 대부분 핵심 내용이 많다기보다 연구 증거나 사례, 스토리가 대부분을 차지한다. 예를 들어 '행복해지기 위해서는 인간관계가 중요하다.'라는 주제 하나를 포장하기 위해 온갖 연구 결과와 저자 본인의 스토리를 끌어온다. 물론 그렇게 해야 독자들도 동기부여가 되고 이해되는 측면이 있겠지만, 책의 핵심 내용만 파악하고 싶다면 이런 부분은 건너뛰면서 읽어도 된다.(굳이 완독한다고 머릿속에 오래 남는 것도 아니다.) 생산적인 독서를 원하는 사람들에게 줄 수 있는 하나의 속독 팁이다.

4) 처음부터 끝까지 다 안 읽어도 되나요?

지금까지 이 책을 읽은 독자라면 이제 이 질문에 대답할 수 있어야 한다. 5초 동안 스스로 고민해 보자. 책은 꼭 처음부터 끝까지 읽어야 하는가?

정답은 '아니오'이다. 다시 한 번 말하지만, 책은 정보를 얻는 하나의 수단에 불과하다. 당신이 얻고 싶은 답을 얻었다면 그만 읽어도 된다. 혹은 자신의 질문에 답을 주는 부분만 읽어도 된다. 이를 발췌독이라고 부르기도 한다. 하지만 질문이 많거나, 질문이 대단히 추상적이라면 독서를 끝까지 해야 할 필요도 있다. 여기서 추상적인 질문이란 그 책 자체를 관통하는 질문을 말한다.

글쓰기에 대한 책을 읽는 이유가 '어떻게 하면 글쓰기를 잘할 수 있을까?'라면 끝까지 읽어야 할 것이다. 왜냐하면 글쓰기 잘하는 방법에 대해 그 책이 전반적으로 다루고 있기 때문이다. 이 책을 여기까지 읽고 있는 당신의 질문은 '원하는 삶을 살아가기 위해서는 어떻게 해야 하는가?' 혹은 '자기계발을 잘하려면 어떻게 해야 하는가?'일 가능성이 높다. 이 책을 관통하는 질문이기에 모든 대답을 얻기 위해 끝까지 읽고 있는 것이다.

요컨대 책은 끝까지 읽지 않아도 된다. 특히 독서를 처음 시작하는 사람들이 책을 무조건 끝까지 다 읽어야 한다는 강박을 가지고 있다. 절대 그렇지 않다. 책을 하나의 수단, 도구로 바라보자. 당신의 목적은 원하는 삶을 살아가는 것이다. 원하는 삶을 살아가기 위해 현재 세운 목표를 이루는 데만 집중하자. 취미 독서가 아니라면 독서 자체가 목적이 되어서는 안 된다.

지금까지 독서를 어떻게 실천해야 하는지에 대해 그 구체적인 방법 중심으로 살펴보았다. 다시 한 번 다음 문장을 읽어 보자.

"독서는 저자와의 대화다."

지금 당신도 나와 대화하는 것이고, 그 대화가 즐겁고 유익했으면 좋겠다. 여기까지 대화를 함께해준 당신을 위해 책 선정 및 독서록 가이드를 선물로 남기겠다. 오른쪽 QR 코드를 통해 노션 링크에 접속하면 된다. 직접 자신의 노션에 복제해서 사용해도 되고, 그걸 바탕으로 나만의 독서 노트를 만들어도 좋다.

참고로, 노션notion은 목표와 일정 관리, 문서 및 정보 정리, 프로젝트 관리, 개인 웹사이트 등의 기능을 하나로 모은 툴이다. 요즘 '일잘러'들은 죄다 쓴다고 할 만큼 업무 생산성을 높이는 데 큰 도움을 받을 수 있지만, 어디까지나 잘 쓰면 마법이고 못 쓰면 괜한 수고인 측면도 있다.

노션의 장점이라면 자신의 상황, 목적에 맞게 모든 항목을 커스터마이징해서 쓰기에 딱이라는 것이다. 페이지 안에 페이지 넣기를 통해 내용의 주제별 정리가 용이하고, 각각의 항목(블록)을 끌어서 배치(드래그&드롭)함으로써 직관적이고 빠른 화면 구성이 가능하다. 나 역시 '예전에는 노션 없이 어떻게 일했을까?'라는 생각이 들 정도로 업

김현두 자기계발 연구소 독서록

(제목) 독자 여러분 안녕하세요! 김현두입니다.
여러분을 위해 독서록을 선물로 준비했습니다.

1. 우측 심단 복제 버튼을 눌러 자신의 노션에 복제하여 사용하시거나
2. 내용을 참고하여 자신만의 독서록을 만들어 보세요.

감사합니다.

책 선정 가이드
(아래 질문에 차분하게 답해보세요.)

📍 1. 현재 당신이 가장 집중하고 있는 목표는 무엇인가요?

📍 2. 그 목표를 이루기 위해서는 무엇을 해야 하는지, 무엇이 필요한지 최대한 구체적으로 작성해 보세요

무와 자기계발, 코칭에 다양하게 활용하고 있다. 아직 노션을 써본 적이 없다면 한번쯤 사용해볼 것을 권한다.

AI 시대에 가장 중요해지는 능력

'노동의 종말이 온다.'

'빅테크 기업에서 수만 명이 해고되었다.'

'AI와 로봇이 인간의 일자리를 빠르게 대체할 것이다.'

'우리나라 대기업 상당수가 공채를 전면 중단하였다.'

이런 이야기가 하루가 멀다 하고 들려온다. 누군가는 '인류가 노동에서 해방되어 모두가 인간답게 살 수 있는 시대가 곧 온다.'라며 유토피아적 미래를 그리는가 하면, 다른 누군가는 '이제 극소수의 부자들 빼고는 모두가 가난해지고 결국 AI에 지배당하게 될 것이다.'라는 디스토피아를 예측한다.

어느 쪽이 정답인지는 시간이 지나봐야 알겠지만, 한 가지는 확실해 보인다. 인공지능으로 인해 새롭게 생겨나는 일자리에 비해 사라지는 일자리가 훨씬 많을 거라는 사실이다. 실제로 세계경제포럼의 〈2023 미래 일자리 보고서〉에 따르면 향후 5년간 6,900만 개의 일자리가 창출되는 반면에 8,300만 개의 일자리 감소가 예상된다고 한다. 세계 일자리의 약 2%에 해당하는 1,400만 개의 일자리가 2027년까지 사라진다는 것이다. 일자리 감소가 클 것으로 예상되는 직업은 은행원, 비서, 계산원, 매표원 등이다. 한편 챗GPT 같은 생성형 인공지능의 피해 직업은 수학자, 세무사, 회계사, 작가, 웹디자이너, 통번역사 등으로 조사되었고(오픈AI와 펜실베이니아대학교 연구), AI 대본을 반대하는 할리우드의 파업이 있기도 했다.

일자리 감소 문제는 대한민국도 비켜나 있지 않다. 특히 청년 세대에서는 구직 단념마저도 흔해져 취업 포기자, 캥거루족 같은 단어가 낯설지 않은 상황이다.

이러한 대혼란의 시대, 이제 우리는 어떻게 해야 할까?

새로운 세상에 묵묵히 순응한다거나, 일하지 않아도 기본소득을 줄 때까지 최대한 버티기는 일단 우리의 정답이 아닐 것이다.

이 책을 여기까지 읽고 있다면 나아지려고 하는 의지가 다분히 있는 사람이라고 생각한다. 성장 의지 다음으로 중요한 것은 AI 시대에 꼭 필요한 능력일 것이다. 지금부터 그 이야기를 해보자.

첫 번째 능력, 주체성 --------------------------------

주체성이 더욱 중요해지는 이유는 간단하다. 미래에는 지시하는 사람만 남고 지시받는 사람은 상당 부분 사라지게 될 것이기 때문이다. 정확히 말하면 '지시만' 받는 사람, 즉 주체성이 없는 사람의 일자리는 사라질 것이다.

AI와 로봇이 일자리를 대체한다는 이야기는, 리더의 지시를 인간보다 AI나 로봇이 더 잘 수행한다는 말과 같다. 만약 AI보다 지시를 더 잘 수행하는 사람이 있다면 그의 몸값은 높아질 것이다. 대체가 불가능하기 때문이다. 하지만 AI의 발전 속도 또한 예측할 수 없을 정도로 압도적이다. 언젠가는 대부분의 지시를 인간보다 AI가 더 잘 수행하게 된다는 사실을 부정하기는 어렵다.

이제 우리는 지시를 받기만 하는 사람이 아닌 지시를 하는 사람이 되어야 한다. 이 메시지는 다양한 의미로 해석될 수 있다. 누군가에게는 '이제는 취업이 아닌 창업을 해라.'라는 소리로 들릴 것이고, 다른 누군가에게는 '빨리 승진해서 업무를 지시하는 입장이 되어라.'라는 의미로 받아들여질 수도 있다. 하지만 내가 전달하고 싶은 핵심은 다음과 같다.

'어떤 일을 하든 그 일에서의 주체성을 길러야 한다.'

지시하는 사람이 되기 위해 필수로 갖춰야 하는 능력이 바로 주체성이다. 주체성이 결여된 상태로 회사에서 승진하게 되면 '꼰대'로

가는 지름길이 열리기 십상이다. 주체성이 없으니 어떤 업무를 지시하고 어떤 업무를 스스로 처리할지 구분하지 못할 것이고, 이는 결국 지시를 위한 지시로 이어질 수밖에 없기 때문이다. 만약 그가 창업을 한다면 더 큰 재앙으로 다가온다. 대표의 주체성이 없는 사업은 유지될 수가 없다.

"코치님, 그러면 어떻게 주체성을 기를 수 있나요? 너무 어려울 것 같은데……."

이 책을 읽고 있는 당신이라면 걱정하지 않아도 된다. 왜냐하면 이 책 전반에 주체성을 기르기 위한 모든 과정을 담았기 때문이다.

일반적인 자기계발서는 '내가 이렇게 대단하다, 그러니 내 말을 들어라, 너는 이렇게 살아야 한다.'의 흐름으로 구성되어 있다. 하지만 이 책은 초반에서부터 당신에게 먼저 '이유'를 물어본다. 그리고 13가지 질문을 통해 자신의 원하는 삶을 매우 깊이 고민해 보도록 이끈다. 그러니 이 책의 내용을 잘 실천해 보자. 주체성이 자연스럽게 길러지게 될 것이다.

일에서 주체성을 가지는 가장 쉬운 방법은 자신이 원하는 일을 하는 것이다. 다시 말해 일에서 흥미와 의미를 느낄 수 있어야 한다. 흥미와 의미, 그 어느 것도 느껴지지 않는 일에 주체성을 가지기란 매우 어렵다. 그러니 주체성을 위해 2장의 01, 02 부분은 꼭 반복해서 읽어 보자. 당신의 주체성이 서서히 기지개를 켤 것이다.

두 번째 능력, 생각 체력 ------------------------------

미래 사회에서 도태되지 않기 위해서는 생각 체력이 강해야 한다.

이는 첫 번째 능력인 주체성과 밀접한 관련이 있다. 현재 우리가 살아가는 사회는 생각 체력이 약해질 수밖에 없는 환경이다. 끊임없는 멀티태스킹이 우리의 주의를 분산시킨다. 우리가 자주 보는 콘텐츠도 롱폼long form, 미드폼을 넘어 이제는 숏폼이 주류가 되었다. 이제 우리는 1분짜리 영상도 길다고 느낀다.

생각 체력이 약해지면 주체성은 떨어지게 마련이다. 주체적인 결정과 행동은 결국 깊은 사고에서 오기 때문이다. 앞에서도 다루었듯이 우리는 책이 아닌 영상으로 정보를 얻는 것에 더욱 익숙해지게 되었다. 물론 효율적인 측면도 있지만, 주체성과 생각 체력 측면에서 보면 이는 매우 우려스러운 현상이다.

생각 체력을 기르기 위해서는 첫 번째, 정보를 능동적으로 얻는 연습이 선행되어야 한다. 다시 말해 영상이나 오디오가 아닌, 텍스트를 통해 정보를 얻는 연습이 꾸준히 이루어져야 한다. 오디오나 영상을 보고 있으면 내가 할 게 없다. 그냥 멍하니 있으면 된다. 하지만 텍스트는 내가 직접 생각하면서 읽어야 한다. 그렇기 때문에 글을 읽는 것이 훨씬 능동적인 정보 습득 방법이라고 할 수 있고, 이를 통해 생각 체력을 효과적으로 기를 수 있다.

생각 체력을 기르는 두 번째 방법은 하나의 질문을 가지고 5분 이상 깊이 생각해 보는 것이다. 이게 익숙해지면 하나의 질문을 풀어내기 위해 며칠씩 고민하는 것이 가능해지기 시작한다. 사람들은 이를 '몰입'이라고 부르기도 한다. 나는 이 연습을 스무 살 때부터 지금까지 꾸준히 해오고 있다.

내가 이십대 초중반에 한참 빠져 있던 질문들은 주로 이랬다.

'꿈을 찾기 위해서는 어떻게 해야 하는가.'

'사람은 무엇으로 성장하게 되는가.'

'개인의 역량과 행복, 그리고 경제적 능력에는 어떠한 관계가 있으며 그 원인은 무엇인가?'

'행복이란 무엇이며, 우리는 어떻게 행복해지는가.'

그리고 현재 내가 몰입하고 있는 질문은 바로 이것이다.

'어떻게 하면 모두가 원하는 일을 할 수 있을까?'

이 물음은 실제로 나의 핸드폰 배경과 노트북 바탕화면에 항상 적혀 있는 문장이다. 늘 잊지 않기 위해서.

지금 당신이 몰입하고 있는 질문은 무엇인가?

만약 없다면 이 책에 안내되어 있는 질문들을 활용해 생각 체력을 기르는 연습부터 해보자. 처음에는 타이머를 맞춰 놓고 5분이면 충분하다. 이렇게 길러진 생각 체력은 미래의 당신에게 매우 강력한 무기가 되어줄 것이다.

지금까지의 이야기를 정리해 보자.

미래에 어떤 일자리가 유망할지, 어떤 일자리가 살아남을지는 그 누구도 정확히 알 수 없다. 하지만 내가 전망하는 건 주체성과 생각 체력을 가진 사람만이 풍요로운 삶을 살게 되는 세상이다.

지금의 당신은 어떤가. 주체성과 생각 체력이 강해지는 쪽인가, 아니면 약해지는 쪽으로 살아가고 있는가. 어쩌면 현재의 이 선택이 우리의 운명을 결정하게 될지도 모른다.

좋은 책과 강의를 고르는 3가지 기준 --------------

2020년 1월 30일 목요일, 세계보건기구WHO는 국제적 공중보건 비상사태를 선언하였다. 아직도 뚜렷하게 기억하고 있는 코로나 바이러스 확산의 서막이었다. 그러고 한 달여가 지난 3월 11일, WHO는 사태의 심각성을 인정하고 팬데믹을 선언하게 된다.

이와 함께 우리나라에서도 사회적 거리두기로 오프라인 활동에 많은 제약이 생기기 시작했다. 이때부터 사람들은 이동과 모임의 불편함, 마스크의 답답함, 바이러스에 대한 두려움 때문에 이곳으로 몰리게 된다. 여기서 이곳은 어디일까? 바로 '온라인'이다.

사람들이 오프라인이 아닌 온라인에서 시간을 보내게 되면서 온라인 시장이 미친 듯이 커졌고, 그 흐름을 잘 탄 기업들은 큰 성장을 맛보게 되었다. 대표적으로 ZOOM이 있다. 그리고 눈에 띄게 성장하는 분야가 또 하나 있었는데, 그것이 온라인 교육 시장이었다.

사람들이 온라인에 익숙해지면서 정보와 노하우 습득을 위한 온라인 콘텐츠 소비가 크게 활성화되었다. 동시에 지식 판매를 통한 부업 열풍이 불면서 공급자 또한 매우 빠르게 늘어났다. 대온라인의 시대가 열린 것이다.

우리가 정보를 얻을 수 있는 수단은 다양하다. 다만 최근에는 온라인을 통한 정보 습득이 대세가 되었고, 그중 대표적인 게 책(전자책을 포함한)과 온라인 강의이다. 수많은 책과 강의들이 지금 이 순간에도 온라인에 쏟아지고 있다.

이러한 현상이 구매자에게는 꽤나 이득이다. 공급자가 많아지니 서로 경쟁이 될 수밖에 없고, 이에 따라 더 질 좋은 정보를 합리적인 가격에 살 수 있기 때문이다. 한편으로는 선택이 혼란스러운 것도 사실이다. 모두가 '최고의 책', '절대 후회하지 않을 강의'라고 말하니 도대체 뭐가 좋고 뭐가 나쁜지를 구분하는 게 쉬운 일이 아니다.

나도 여태 셀 수 없이 많은 강의와 책을 구매해 왔다. 5천 원짜리부터 비싸게는 100만 원이 넘는 강의와 전자책을 직접 구매하고 경험해 보면서 느낀 점들이 많다. 지금부터 그 과정에서 깨달은 '좋은 책과 강의를 고르는 3가지 기준'을 소개하려고 한다. 이 기준만 잘 기억해도 수십, 수백만 원을 아낄 것이고, 내용 확인에 필요한 꼭 그만큼의 시간도 남기게 될 것이다.

좋은 책과 강의를 고르기 위해서는 딱 3가지만 기억하면 된다. 현재 자신에게 필요한 정보가 최고의 콘텐츠라는 점은 앞에서도 강조하였으니 여기서는 제외하고 설명하겠다.

1) 전문성
2) 진정성
3) 정보 전달 방식(결)

"코치님! 전문성과 진정성은 상품이 아니라 사람에게나 적용하는 기준 아닌가요?"

맞다. 내가 이러한 기준을 제시한 이유는 책과 강의도 결국 어느 한 사람이 만들어낸 결과물이기 때문이다. 좋은 책과 강의를 알아보기 위해서는 그 책을 쓴 사람, 그 강의를 하는 사람에 초점을 맞춰야 한다. 첫 번째 기준부터 살펴보자.

1. 전문성

우리가 원하는 것은 결국 정보이기 때문에, 정보의 질이 매우 중요하다. 그리고 이 정보의 질은 정보 제공자(이하 강사)의 전문성에 따라 가장 크게 좌우된다. 강사의 전문성을 파악하는 요령은 아래의 5가지를 살펴보면 된다.

1) 해당 분야에 몸담은 시간

나는 최소 3년은 한 분야에 몰입해야 전문성의 기반이 마련된다고 생각한다.

2) 해당 분야에서 낸 성과

해당 분야에서 모두가 인정할 만한 성과를 낸 적이 있는지 살펴본다.

3) 교육하는 내용에 대한 실행 여부

나는 자신이 가르치는 내용을 스스로 실천하지 않는 사람들을 경계한다. 본인이 직접 경험하지 않고 교육만 한다면 정보의 질과 최신성이 떨어질 수밖에 없다.

4) 강사의 SNS 콘텐츠

SNS가 있다면 해당 채널에서 발행되는 콘텐츠의 질을 살펴본다.

5) 이용자 후기

해당 정보 상품에 대한 사람들의 후기와 블로그 리뷰 등을 살펴본다.

이 5가지면 저자나 강사의 전문성을 판단하기에 충분하다. 5가지 모두에 엄격한 잣대를 들이댈 필요까지는 없다. 5가지 중 3개 이상을 만족하는 사람의 책과 강의는 충분히 구입해볼 만하다.

2. 진정성

두 번째 기준은 진정성이다. 이는 전문성보다 파악하기 힘든 것이 사실이나, 개인적으로 가장 중요하게 생각하는 기준이기도 하다. 진정성이 있는 사람은 전문성이 조금 떨어지더라도 나에게 장기적으로 좋은 정보를 제공해줄 가능성이 매우 크다.(특히 모임이나 참여형 교육 과정이라면 더욱 그렇다.)

진정성을 파악하기 위해서는 딱 2가지면 충분하다.

첫째, 그 사람이 해당 교육을 하는 이유와 스토리.

이게 '돈이 되니까' 교육을 하는 사람은 결코 오래가지 못한다. 다른 돈벌이에 늘 주의가 가있고, 돈이 더 잘되는 아이템이 눈에 들어오면 교육생들을 팽개치고 그 분야로 갈 가능성이 매우 높기 때문이다. 그래서 나는 강사가 해당 교육업을 하는 이유와 그 이유가 만들어진 과거 스토리를 꼼꼼하게 살펴본다.

둘째, 그 사람에 대한 사회적 평판.

상품에 대한 평판과 후기가 아닌 그 사람에 대한 평판과 후기를 살펴보면 그가 자신의 일을 대하는 마인드와 진정성을 어느 정도 파악할 수 있다.

3. 정보 전달 방식(결)

아무리 전문성과 진정성이 충분해도 정보 전달 방식이 나와 맞지 않으면 고민해 봐야 한다. 여기서 말하는 정보 전달 방식이란 대표적으로 '말투'가 있다. 예전에 한 강의의 후기를 살펴보다가 이런 내용을 발견한 적이 있다.

"강의 내용은 좋은데, 반말로 하시는 말투가 너무 거슬립니다."

누군가는 '그런 것까지 따져가며 강의를 듣는 게 말이 되느냐.'라고 할 수 있다. 하지만 교육 시장에 오래 있어 보니 강사와 수강생의 '결'도 상당히 중요함을 깨닫게 되었다. 내 무의식이 상대를 받아들이지 않겠다는데, 강의 내용이 잘 들어오기는 사실 어렵다.

지금까지 좋은 강사 혹은 저자를 고르는 3가지 기준에 대해 살펴보았다. 첫 번째 기준인 전문성이 1순위, 두 번째 기준인 진정성이 2순위, 마지막 정보 전달 방식이 3순위라고 생각하면 편하다.

"코치님. 근데 이렇게까지 깐깐하게 해야 하나요?"

물론 이렇게 생각할 수 있다.

하지만 지금까지 수많은 책과 강의를 섭렵해본 입장에서 돈과 시간을 모두 낭비한 경우가 너무 많았다.

돈보다 아까운 건 시간이었다. 돈은 다시 벌면 되지만, 지나간 시간은 되돌릴 수 없기 때문이다. 조금은 깐깐해 보이는 이 기준을 참고해 좋은 책과 강의를 잘 찾아보기 바란다. 어쩌면 내 인생을 바꿀 한 권의 책, 한 편의 강의를 만날 수도 있으니까.

자존감을 높이는 현명한 방법

당신은 자존감이 높은 사람인가?

자존감은 한 사람의 행복도를 좌우할 만큼 삶의 중요한 요소라고 할 수 있다. 하지만 우리는 자존감을 지키기 너무 어려운 환경에 놓여 있다. 그 이유는 바로 '비교 지옥'.

인터넷과 SNS의 발달로 우리는 그 어느 때보다 비교가 쉬운 세상에서 살아가고 있다. 옆에 늘 붙어 있는 스마트폰이라는 녀석은 타인의 삶을 끊임없이 보여주며 비교를 일삼게 한다.

너무 힘든 일을 겪고 있는가? SNS 속 사람들은 모두 웃고 있을 것이다. 진심으로 행복하고 즐거운가? SNS에는 더 행복해 보이고 더 즐거운 사람들로 가득 차있을 것이다.

이처럼 우리는 내면의 울림보다는 외부 소음에 더 집중하게끔 내몰리며 살아간다. 그리고 이는 결국 자존감의 하락으로 이어진다. 그렇다면 도대체 어떻게 해야 자존감을 높일 수 있을까?

매일 거울 속 나 자신을 보며 '사랑해'라는 말을 100번씩 해주면 될까? 혹은 모든 SNS을 지워버리면 해결될까? 물론 하지 않는 것보다는 낫겠지만, 이는 자존감을 높이는 본질적인 방법이 아니다.

자존감을 높이는 가장 좋은 방법은 바로 '나 자신과 친해지는 것'이다. 나 자신과 친해지는 순간 자존감이라는 단어도 잊어버릴 만큼 자존감 문제는 완전히 해결된다.

나 또한 과거에 성적 비교, 외모 비교 등으로 자존감이 바닥을 찍었을 때가 있었다. 그때 나는 내가 공부를 잘하고, 더 잘생겨지면 낮은 자존감 문제가 해결될 거라고 생각했다. 하지만 그런 방편들은 시간이 오래 걸릴 뿐더러, 만약 그렇게 된다고 하더라도 여전히 문제는 남았을 것이다. 또 다른 사람들과 나를 비교하며 '또 다른 열등감'을 느끼고 있을 테니까 말이다.

그래서 내가 추천하는 방법은 내 자존감을 낮게 만드는 결핍 요소, 열등 요소를 해결하기 위해 노력은 하되 '나 자신과 친해지는 과정'을 꼭 동시에 가져가는 것이다. 현재 나는 언제 그런 일이 있었느냐는 듯이 자존감 문제에서 완전히 해방되었다. 이유는 딱 하나였다. 나 자신과 둘도 없는 친구가 되었기 때문에.

우리는 태어나서 죽을 때까지 단 1초도 예외 없이 한 사람과 붙어 있어야 한다. 누구일까? 바로 나 자신이다.

그런데 나 자신과 친하지 않고 어색하다면, 심지어 나 자신을 미워한다면 그 삶은 얼마나 지옥일까? 나 자신과 친해지는 방법은 어렵지 않다. 나에 대해서 많이 알아가면 된다.

우리가 다른 사람과 친해지는 과정도 똑같다. 처음에는 이름이 뭔지, 어떤 취미를 가지고 있는지 등부터 가볍게 대화를 시작한다. 그러다 시간이 지나면서 꿈이나 목표, 더 깊이 들어가 가정사까지 터놓게 된다. 그렇게 서로의 많은 정보를 공유한 사이는 더욱 돈독해진다. 지금 바로 나 자신에게도 물어 보자.

"너는 취미가 뭐야?"

"좋아하는 음식은 뭐가 있어?"

이렇게 가벼운 대화로 시작하면 된다. 익숙해지면 머지않아 삶의 철학과 가치관도 편하게 나눌 수 있는 사이가 될 것이다. 대화거리가 잘 떠오르지 않는다면 2장에서 소개했던 13가지 질문들이 좋은 재료가 되어줄 것이다.

나 스스로와 자주 대화하자. 외부의 소음이 아닌 내면의 울림에 집중하는 연습을 한다면, 당신의 자존감은 물론이고 삶의 만족도까지 꾸준히 높아질 것이다.

나는 당신이 원하는 삶을
살았으면 좋겠습니다

〈자기계발의 지도〉를 들고 함께한 우리의 여행은 이제 끝났다.

여행을 하는 동안 우리는 참 많은 이야기를 나눴다. '자기계발은 원하는 삶과 닮아가는 과정이다.'라는 정의부터 시작해 내가 원하는 삶을 찾고 그것을 현실로 앞당기는 방법까지, 당신에게 유익하고 즐거운 여행이었기를 진심으로 바라본다.

이로써 당신은 자기계발의 모든 방법론을 배웠다. 더 이상의 비밀은 없다. 앞으로 그 어떤 자기계발 강의, 책을 접하든 결국 〈자기계발의 지도〉로 다 설명이 가능한 내용이라는 사실을 깨닫게 될 것이다. 이유는 단순하다. 〈자기계발의 지도〉는 단순히 스킬이나 테크닉이 아니라 '자기계발의 원리'이기 때문이다.

하지만 어디까지나 내가 전달한 것은 지식이다. 자기계발 지식의 목적은 지식에 머물러서는 안 된다. 무조건 실천으로 확장되어야 한다. 이를 위해 마지막으로 세 가지만 당부하고자 한다.

첫 번째, 꿈은 찾는 게 아니라 만드는 것이다.

'나는 지금 꿈을 찾고 있어.'라는 사람의 심리에는 어딘가에 멋진 꿈이 나를 기다리고 있을 거라는 생각이 깔려 있을 가능성이 대단히 높다. 다양한 경험을 하다 보면 언젠가는 나의 꿈을 만나게 될 거라고, 그래서 당장은 여러 경험을 해보는 게 중요하다고.

하지만 꿈은 절대 완제품의 형태로 우리를 기다리고 있지 않다. 다양한 재료가 흩어져 있을 뿐이다. 만약 꿈이 파스타라고 한다면 면과 소스, 채소, 해산물 등을 하나하나 준비해 손질하고 직접 '꿈'으로 요리해야 한다.

내가 자기계발 코칭에서 가장 강조하는 것은 독서도, 글쓰기도 아니다. 운동도 아니다. 바로 내가 원하는 나만의 삶을 그려보는 것이다. 이유는 명확하다. 이게 안 되면 그 어떤 행위도 의미가 없기 때문이다. 그러니 이 책의 앞부분에 소개한 '원하는 삶을 만드는 13가지 질문'에 꼭 진지하게 대답해 보기 바란다.

두 번째, 자신감에도 증거가 필요하다.

실행력을 높이기 위해서는 내적 동기와 환경이 중요하다고 설명했는데, 가장 밑바탕에는 '나는 할 수 있어.'라는 생각이 자리하고 있어야 한다. 기본적으로 자신감이 있어야 무언가를 실행할 엄두도 나기 때문이다. '저쪽으로 가면 화장실이 있을 거야.'라는 확신이 있다면 뛰어가겠지만, '저기에 과연 화장실이 있을까?'라는 의구심이 들면 적극성은 떨어지기 마련이다.

그렇다면 이 확신, 내가 잘될 거라는 자신감은 어디에서 올까? 여러 번 강조했듯이 '작은 성취'를 꾸준히 쌓아야 한다.(승자의 마인드셋) 이 작은 성취들이 쌓여 나의 자신감이 되어준다는 것을 명심하자.

세 번째, 안 그래도 힘든 자신을 더 힘들게는 하지 말자.

살아가면서 누구나 힘든 시기를 맞이한다. 하지만 그중 누군가는 힘든 자신을 위로하고 일으켜 세워 결국 그 상황을 극복한다. 그런데 다른 누군가는 힘들어하는 자신을 탓하고 괴롭히며 더욱 힘든 상황으로 스스로를 던져버린다.

'과연 그런 사람이 있을까요?'라고 생각하겠지만, 의외로 많다. 만약 당신에게 그런 상황이 닥치면 행운 마인드셋부터 떠올렸으면 좋겠다. 내가 어찌할 수 있는 부분에 집중하고, 어찌할 수 없는 영역은 낙관해 버리는 것이다. 동시에 관조 글쓰기를 통해 '위기를 기회로 바꿀' 방법을 찾아보자. 더는 스스로를 힘들게 하지 말고.

여행 가이드로서의 나의 역할은 여기까지다.

앞으로 당신은 인생이라는 여행 속에서 다양한 경험을 하게 될 것이다. 때때로 그 경험들은 크고 작은 시련으로 다가올지도 모른다. 하지만 그때마다 이번 여행에서 나눴던 이야기를 차분하게 떠올려 보기 바란다. 〈자기계발의 지도〉가 당신의 삶에 든든한 이정표 역할을 해줄 것이다.

마지막으로 당신에게 질문 하나를 남기고 싶다.

"당신은 어떻게 살고 싶은가?"

지금 당장은 이 질문에 구체적인 대답이 나오지 않을 수 있다. 하지만 이 책과 함께 더 나은 삶에의 고민을 멈추지 않는다면, 그리고 외부 소음이 아닌 내면의 울림에 집중하는 라이프스타일을 추구한다면 당신이 원하는 삶은 더욱 또렷해질 것이다. 원하는 삶은 꾸준히 확장된다. 그리고 그 누구도 당신 대신 원하는 삶을 알려줄 수 없다. 오직 당신 스스로 답을 찾아 나서야 하다.

나는 당신이 원하는 삶을 살았으면 좋겠다. 가족과 친구, 직장 상사가 아닌 오직 당신이 기대하고 원하는 삶을 살아갔으면 좋겠다. 그렇게 살아가는 내내 행복했으면 좋겠다.

관악산이 보이는 사무실에서

김현두

**감사의
말**

저는 지금 제가 원하는 삶을 살아가고 있습니다.

다른 사람들의 자기계발을 도우며 "모두가 원하는 일을 하는 세상"을 더욱 널리 알리고도 싶습니다. 많은 어려움이 있었지만, 지금까지 잘해왔고 앞으로도 더욱 잘될 거라 믿습니다.

물론 이 모든 게 당연히 주어진 것은 아닙니다. 책이 나오고 오늘에 이르기까지 많은 고마운 분들이 있었습니다.

먼저, 멋진 세상을 선물해 주신 부모님께.

아직도 기억합니다. 길을 걸을 때마다 늘 손을 잡고 걸어가시던 그 모습을. 언제나 서로를 사랑스럽게 바라보시던 그 눈빛을. 그 모습과 눈빛 덕분에 저는 정말 행복한 아들이 되었습니다.

한창 젊은 나이에 이렇게 책을 쓰게 된 것, 사랑하는 사람을 만나 결혼을 앞두게 된 것, 이 모든 것은 부모님이 저에게 세상을 주셨기에 누릴 수 있는 행복들입니다. 저에게 멋진 세상을 선물해 주셔서 감사합니다.

그리고 사랑스러운 나의 예비 신부에게.

아직도 신기합니다. 잘난 거 하나 없이, 가진 거라곤 꿈밖에 없었던 남자를 어떻게 이토록 사랑해줄 수 있었는지.

그리고 아직도 기억합니다. 눈에 보이는 성과가 없어 스스로의 꿈을 의심하며 펑펑 울던 저에게, "너는 할 수 있어. 나는 믿어."라고 말해주던 당신의 목소리를. 당신이 7년간 저를 지켜준 만큼, 앞으로 평생의 세월 동안 제가 당신을 지키겠습니다. 많이 사랑합니다.

그 밖에도 사람들이 저에게 "삶의 귀인이 있냐?"라고 물어본다면 1초의 망설임도 없이 떠오르는 분이 있습니다. 바로 ㈜베러모먼트 코퍼레이션 김준영 대표님입니다. 그만큼 대표님에게 많은 영감을 받고 있습니다.

2022년 5월 5일 어린이날, 저는 이날을 잊을 수가 없습니다. 대표님께 '함께 재밌는 일을 해보도록 하자.'라는 메일을 받은 날이기 때문입니다. 그렇게 함께 일해온 지금도 저는 여전히 그때의 마음을 간직하고 있습니다.

마지막으로, 이 책이 세상에 나올 수 있도록 이끌어주신 좋은날들 출판사 이우희 대표님, 그리고 이 책을 끝까지 함께해주신 독자 여러분에게 깊은 감사의 마음을 전합니다.

인생을 바꾸는 기적의 자기계발 수업

자기계발 불변의 법칙

초판 1쇄 발행일 | 2024년 9월 15일

지은이 | 김현두
펴낸이 | 이우희
디자인 | 宇珍(woojin)
펴낸곳 | 도서출판 좋은날들

출판등록 | 제2011—000196호
등록일자 | 2010년 9월 9일
일원화공급처 | (주) 북새통 (03938) 서울시 마포구 월드컵로36길 18 902호
전화 | 02-338-0117   **팩스** | 02-338-7160
이메일 | igooddays@naver.com

copyright ⓒ 김현두, 2024
ISBN 978-89-98625-51-1   03190